这里是辽宁

This is Liaoning

文体旅丛书

山海有情 天辽地宁

民族

苏兰朵⊙著

春风文艺出版社
·沈阳·

图书在版编目（CIP）数据

民族 / 苏兰朵著. -- 沈阳：春风文艺出版社，
2025. 2. -- （"山海有情 天辽地宁"文体旅丛书）.
ISBN 978-7-5313-6658-4

Ⅰ. K280.31

中国国家版本馆CIP数据核字第2025U2H682号

春风文艺出版社出版发行

沈阳市和平区十一纬路25号　邮编：110003

辽宁新华印务有限公司印刷

责任编辑：韩　喆		责任校对：张华伟	
封面设计：黄　宇		内文摄影：张维平 等	
印制统筹：刘　成		幅面尺寸：138mm × 207mm	
字　　数：157千字		印　　张：6.25	
版　　次：2025年2月第1版		印　　次：2025年2月第1次	
书　　号：ISBN 978-7-5313-6658-4			
定　　价：60.00元			

无尽的人地关系（代序）

近代地理学奠基人亚历山大·冯·洪堡认为，人是地球这个自然统一体的一部分。此观点随即让"人地关系"成为一个科学论题，也教给我们认识世界的方法。首先看地理，知吾所在；然后看人文，知吾是谁。

打开中国地图，或背负青天朝下看，东北有三省，辽宁距中原最近。南濒蔚蓝大海，北接东北平原，东有千山逶迤，西有医巫闾苍然，境内更兼辽、浑、太三河纵横。语曰：山川能说，可以为大夫。如此天辽地宁者，大夫不说，则愧对大自然所赐。

一方水土，藏一方文化。

看辽宁文化，需要回望1.2亿至2亿年前的辽西。深埋地下的热河生物群，几乎囊括了中生代向新生代过渡的所有生物门类。我们正是在那些化石上，看到了第一只鸟飞起的姿态，看到了第一朵花盛开的样子，看到了正在游动的狼鳍鱼瞬间定格之美。也正因为如此，辽西成为20世

1

全球最重要的古生物发现地之一，被誉为世界级化石宝库。看辽宁文化，更要回望古代先民在辽宁现身时那一道道照亮天穹的光。28万年前的金牛山人，25万年前的庙后山人，7万年前的鸽子洞人，1.7万年前的古龙山人，7000年前的新乐人和小珠山人，绳绳不绝，你追我赶，从旧石器时代走到新石器时代。当然，他们都只是演出前的垫场，千呼万唤中，大幕拉开，真正的主角是红山人。在辽西牛河梁上，我们看见了5000年前的女神庙和积石冢，还有那座巨大的祭坛。众流之汇海，万壑之朝宗，职方所掌，朗若列眉，从那一天开始，潺潺千古的大辽河便以中华文明三源之一，镌刻于历史之碑。

一方水土，写一方历史。

其一，辽宁在中原与草原之间，写中国边疆史，辽宁占重要一席。东北土著有东胡、濊貊、肃慎三大族系。东胡族系以游牧为生，慕容鲜卑让朝阳成为三燕古都，契丹把长城修到辽东半岛蜂腰处，蒙古大将木华黎则让辽宁乃至整个辽东成为自己的封地。濊貊族系以农业为生，前有扶余，后有高句丽，从东周到隋唐，各领风骚700年，一座五女山城，更是让居后者高句丽在辽东刷足了存在感。肃慎族系以渔猎为生，从黑水到白山，从生女真到熟女真，渤海将辽东山地大部划入其境，女真通过海上之盟与宋联手灭辽，然后把辽宁当成入主中原的跳板，满族则以赫图阿拉、关外三陵和沈阳故宫，宣布辽宁为祖宗发祥之地。其二，汉以前，中原文化对东北有两次重量级输入，一次是箕子东迁，一次是燕国东扩。汉以后，灭卫氏朝鲜设四郡，灭高句丽设安东都护府，中原大军总是水路与陆路并进，辽宁始终站在一条历史的过道上，要么看楼船将军来征讨，要么看忽报呼韩来纳款，坐看夷地成中华，阅尽沉浮与兴衰。其三，近代史从海上开始，渤海海峡被英国人称为东方的直布罗陀，旅顺口则被英国人改叫亚瑟港，牛庄和大连湾更是先后变成英俄两国开埠的商港，震惊中外的甲午战争、日俄战争、九一八事变，让辽宁成为举世瞩目的焦点，于是，在辽宁就有了东北抗联，就有了《义勇军进行曲》，就有了辽沈战役，就有了抗美援朝保家卫国。历史一页页翻过，页页惊心动魄。

一方水土，生一方物产。

最天然者，一谓矿藏，二谓鱼盐。那些被电光石火熔化挤扁的物质沉睡地层亿万年，它们见过侏罗纪恐龙如何成为巨无霸，见过白垩纪小行星怎样撞击地球，也见过喜马拉雅运动和第四纪冰河。千淘万漉虽辛苦，吹尽狂沙始到金。于是，我们看到了，辽东有岫玉，辽西有玛瑙，抚顺有煤精，鞍山有铁石，盘锦虽是南大荒，地上有芦苇，地下有油田。更何况，北纬39度是一个寒暑交错的纬度，也是一个富裕而神秘的黄金纬度，在这个纬度上有诸多世界名城，它们是北京、纽约、罗马、波尔多、马德里，当然还有大连和丹东；在这个纬度上，有美丽而神奇的自然风景，它们是塔克拉玛干沙漠、库布其沙漠、青海湖、日本海、里海、地中海、爱琴海，当然还有环绕辽东半岛的渤海和黄海。公元前300年的"辽东之煮"，曾助燕一举登上战国七雄榜，而距今3000年前的以盐渍鱼现场，在大连湾北岸的大嘴子。迄至近世，更有貔子窝和复州湾走上前台，令大连海盐成为国家地理标志性产品。而大连海参，就是冠绝大江南北的辽参；大连鲍鱼，就是摆在尼克松访华国宴上的那道硬菜；丹东大黄蚬、庄河杂色蛤，则是黄海岸亚洲最大蚬子库的一个缩影。此外，还有营口海蜇、营口对虾、盘锦河蟹。辽河与辽东湾，你中有我，我中有你，方有奥秘杰作。最生态者，一谓瓜果，二谓枣栗。大连苹果、大连樱桃、桓仁山参、东港草莓、丹东板栗、黑山花生、朝阳大枣和小米、绥中白梨和鞍山南果梨，还有铁岭榛子、北票荆条蜜、抚顺哈什蚂、清原马鹿茸……物之丰，产之饶，盖因幅员之广袤，蕴含之宏富，土地之吐哺，人民之勤勉。

一方水土，养一方风俗。

古人曰：千里不同风，百里不同俗。古人又曰：历世相沿谓之风，群居相染谓之俗。古代辽宁，在农耕文明与游牧文明交互地带；近现代辽宁，在东方文明与西方文明对接地带。于是，土著文化、移民文化、外来文化在大混血之后，走向了融合与多元。于是，这个文化以其边缘性、异质性、冒险性，既穿行于民间，也流布于市井。在时光中沉淀过后，变成了锅灶上的美食，变成了村头巷尾的戏台，变成了手艺人的绝活儿，变成了过年过节的礼仪和讲究。最有辨识度的辽宁美食，在沈阳有满汉全席、老边饺子、马家烧麦、苏家屯大冷面；在大连有海味全家福、海菜包子、炸虾片、炒焖子；在鞍山有海城馅饼、台安炖大鹅；在抚顺有满族八碟八碗；在本溪有蝲蛄豆腐；在丹东有炒米糍子；在锦州有沟帮子熏鸡；在阜新有彰武手把羊肉。最具代表性的民间艺术，在沈阳有辽宁鼓乐、沈阳评剧、东北大鼓；在大连有复州皮影戏、长海号子、金州龙舞；在鞍山有海城高跷、岫岩玉雕；在抚顺有煤精雕刻、地秧歌；在本溪有桓仁盘炕技艺；在锦州有辽西太平鼓；在盘锦有古渔雁民间故事。最原真的民族风情，以满族、蒙古族、回族、朝鲜族、锡伯族为序，在辽宁有五个系列。若要下场体验，可以去看抚顺新宾满族老街、本溪同江峪满族风情街；可以去看阜新蒙古贞庄园、北票尹湛纳希纪念馆；可以去看沈阳西关回族美食街；可以去看沈阳西塔朝鲜族风情街、铁岭辽北朝鲜族民俗街；可以去看沈阳锡伯族家庙、锡伯族博物馆。民俗之复兴，是本土文化觉醒的重要标志，风情之淳朴，是本土文明的真正升华。

一方水土，扬一方威名。

近代世界，海陆交通，舟车四达，虽长途万里，须臾可至。当代世界，地球是平的，都会名城，同属一村，经济文化，共存一炉。辽宁是工业大省，前有近代工业遗产，后创当代工业传奇，写中国工业编年史，辽宁是不可或缺的重要一章。尤其是当代，辽宁既是名副其实的共和国长子，也是领跑共和国工业的火车头。沈阳铁西区，已经成为"露天的中国工业博物馆"。旅顺大坞、中船重工、大连港、大机车，已经以"辽宁舰"为新的起点，让现在告诉未来。鞍山钢铁厂、抚顺西露天矿、本溪湖煤铁公司、营口造纸厂、阜新煤炭工业遗产群，则用会当水击三千里的底气，托起辽宁工业腾飞的翅膀。辽宁是文博大省，行旅之游览，风人之歌咏，必以文化加持，而最好的载体，就是深沉持重的文博机构。辽宁在关外，文化积淀虽比不上周秦汉唐之西安，比不上六朝古都之南京，比不上金元明清之北京，却因地域之独特，而拥有不一样的出土，不一样的珍藏。而所有的不一样，都展陈在历史的橱窗里。既然不能以舌代笔，亦不能以笔代物，那就去博物馆吧。文物是历史的活化石，正因为有辽宁省博物馆、辽宁古生物博物馆、大连自然博物馆、旅顺博物馆、朝阳博物馆以及朝阳鸟化石国家地质公园等等，辽宁人确切地知道自己是谁，究竟从哪里来，因而对这方土地保持了永远的敬畏与敬意。辽宁也是体育大省，因为有四季分明的北方阳光，因为有籽粒饱满的北方米麦，也因为具备放达乐观的北方性格，辽宁人的运动天赋几乎是与生俱来。所以，田径场上，就跑出了"东方神鹿"王军霞；足球场上，就踢出了神话般的辽宁队、大连队；奥运会上，更有14个项目获得过冠军。最吸睛的，当然是足、篮、排三大球，虽然没有走向世界，但在中国赛场上，只要辽宁队亮相，就会满场嗨翻。看辽宁人的血性，辽宁人的信仰，就去比赛场上看辽宁队。

当今中国，旅游经济已经走过三个时代，这三个时代分别是观光时代、休闲时代、大旅游时代。观光时代，以旅行社、饭店、景区为主，最多逛逛商业街，买买纪念品，完成的只是到此一游。休闲时代，以行、游、住、食、购、娱为主，于是催生了"印象系列""千古情系列""山水经典"系列，也只不过多了几个卖点。如今已是大旅游时代，特点是旅游资源无限制，旅游行为无框架，旅游体验无穷尽，旅游消费无止境。就是说，考验一个地方有没有文化实力的时候到了，所谓大旅游时代，就是要把一个资源，变成一个故事，一个世界，一个异境，然后让旅游者蜂拥而至，让这个资源成为永动机，让情景地成为去了再去、屡见屡鲜的经典。

正因为如此，有了这套"山海有情 天辽地宁"文体旅丛书，梳理辽宁文体旅谱系，整合山水人文资源，献给这个方兴未艾的大旅游时代。

素　素

2025年1月于大连

目录

七夕，我在西塔
——西塔朝鲜族风情美食街

让一个沈阳人推荐几个本地好吃的去处，西塔美食街一定排在前三个选项里。而且，它绝对不是那种只有外地人才慕名前去的地方，沈阳本地人也喜欢去。

无论白天还是夜晚，西塔街都挤满了人和车。是的，这么知名的一条街，不是步行街。沈阳人说去西塔，绝不仅仅是去西塔街。在西塔街外围那些毛细血管般的小巷深处，隐藏着各种你意想不到的美食店铺。有些就开在不起眼的居民楼里。你千辛万苦躲过熙攘的人流、川流不息的汽车，来到这里，常常会发现，根本没有座位。著名的西塔大冷面总店也不开在西塔街，而是在与其交会的市府大路上。

这一次，我就是从市府大路的琢如巷进入西塔的。

琢如巷路牌的身后，是沈阳朝鲜族百货大楼。去西塔，这是个不能忽略的地方。和它的名字一样，朝鲜族百货大楼的装修风格、建筑格局都很老派，让人仿佛一下子就步入了20世纪80年代。朝鲜族百货大楼的前身是朝鲜族商店，于1949年开业，当时店面很小。现在的五层建筑是1962年由政府投资建设的，1984年正式使用。这里曾担负着沈阳市朝鲜族的生产、生活用品和辽宁省内30多个少数民族用品商店商品的供应，还同吉林、黑龙江两省少数民族商店互相调剂商品，在东北三省少数民族贸易中曾发挥过重要作用。现在，

西塔街代表性建筑

这里到处都是来自韩国的化妆品、家用电器、服装、女性小饰品等，琳琅满目。里面还有一家非常正宗的朝鲜族服饰店。那些纱质的礼服，面料挺括，颜色亮丽，做工精美。看着它们，就可以想象出一场隆重的朝鲜族传统婚礼。

来过西塔的人，都对琢如巷印象深刻。整条巷子就是一个朝鲜族副食品市场，里面有你能想到的所有朝鲜族食物。拌菜、泡菜自不必说，种类丰富到一个摊位就有四五十种。米酒也有十几种口味，装在透明塑料瓶里，颜色各异，像饮料一样诱人。辣椒面仅依据辣的程度就能分出五六个等级，按照颗粒的粗细程度又能分出五六个等级。所以，卖辣椒面的摊位也是很壮观的。各种口味的酱也是如此，装在塑料桶里，辉煌地摆在摊位上，有辣白菜酱、酱汤酱、拌饭酱、包肉酱、狗宝酱、万能酱……一个喜欢做饭的人，走在琢如巷里，一定是十分幸福的。

这条充溢着人间烟火气的小巷走到尽头，就来到了西塔街。

街中间是护栏隔开的双向汽车道，两侧是见缝插针的大小店铺，招牌林立。人行道是回廊式设计，无论阴晴雨雪，这里都是自由行走的天堂。木质的回廊悬挂着富有朝鲜族风情的彩带和灯笼，回廊的棚顶绘制着朝鲜族风格的古典彩画。店铺以餐馆居多，最多的是烤肉店。此外，也有酒吧、KTV、服装店、洗浴中心、酒店、健身会所、美容会所。地标建筑韩百商场里，还有一家超市，内有专营韩国进口商品的区域。

西塔的特别之处在于，有大量的韩国、朝鲜和中国朝鲜族的元素融合其中。它同时具有多张面孔，因而更加吸引人去品味和探究。平壤馆和牡丹馆就是这条街上两家有名的朝鲜饭店。这里最大的特色是优美的歌舞表演，很多游客都是冲着欣赏表演来就餐的。至于中国朝鲜族的特色，则融汇在西塔的各个方面。因为西塔的发展史，

꼬치집 吉

吉星串屋
LUCKY STAR

24h OPEN

SHRIMP FOOD BEER MUSIC

创意韩国料理·烤肉

이태원
创意韩国料理

吉星串屋

西塔街景

西塔街景

几乎就是中国朝鲜族在沈阳地区的发展史。

依据《中国东北民族史》的说法，"中国朝鲜族形成于19世纪末20世纪初，是从朝鲜半岛迁入中国的跨界民族"。因为罕见的自然灾害以及国内政局不稳等因素，一些朝鲜族人迁居到我国图们江、鸭绿江以北垦荒谋生，渐渐形成很多移民村落。沈阳市和平区西塔街道的调查显示，沈阳市最早的朝鲜族移民出现在1901年前后。他们落脚到了西塔地区，靠打草绳子、卖大米糖和到附近郊区种地维持生活。随着移民越来越多，西塔成了朝鲜族聚居区。在120多年的发展历程中逐渐繁荣，最终形成了富有特色的朝鲜族街区。现在，沈阳西塔已经成了除延边朝鲜族自治州以外，国内最大的朝鲜族聚居地。

朝鲜族人不仅在西塔做生意，也生活在这里。西塔街周围那些巷子里，有朝鲜族医院，还有朝鲜族学校。西塔街不是为了旅游打造出来的商业街，而是自然形成的商业形态。这里不需要浓墨重彩的包装和粉饰，展示的就是西塔朝鲜族人普通的生活。那些巷子被命名为图们路、敦化路、珲春路、龙井巷……或许很久以前，与他们一起移民到中国的亲人就住在那些城市。为了谋生，他们来到了更远的沈阳。他们要把亲情刻在路上，以便时时驻足回忆。

没有史料记载，最初来到沈阳的朝鲜族人为什么要落脚在西塔地区。西塔作为一座塔是真实存在的。延寿寺内的西塔，始建于崇德八年（1643），顺治二年（1645）竣工。是当时环绕盛京城东、西、南、北的四塔之一。据寺内碑文记载："东为慧灯朗照，名曰永光寺；南为普安众庶，名曰广慈寺；西为虔祝圣寿，名曰延寿寺；北为流通正法，名曰法轮寺。"或许，"活下去"是来到沈阳的朝鲜族人当时最大的愿望吧，他们将自己新的家园安置在了延寿寺的旁边。

歡迎光臨

朝鲜族百货大楼内的商铺

西塔街并不长，600多米，但是可逛的地方很多。走累了，我拐进一家饮品店歇脚。店面不大，只有3张圆桌，但是布置得清清爽爽，清一色的沙发椅。在靠窗的位置坐下，喧嚣一下子被隔在了门外。戴着头巾的女孩儿站在柜台里，手不停息地制作着饮品。柜台外面，一个穿连衣裙的老年女人正用飞快的朝鲜语和柜员交流。说了一会儿，女人满意地回到座位。那里还坐着年龄相仿的一男一女两个人。欢快的朝鲜语在我身旁再度响起。不知道讲到了什么高兴的事，他们笑起来。男人笑得声音最大，洪亮而恣意。这是一幅我不常见到的生活场景。他们打扮精致，身边没有行囊，应不是游客。他们畅谈自如，互相熟稔，倒是很像老友的一次下午茶。他们或许就住在这条街的周围，这样欢畅的聚会可能常有，是他们晚年生活的一部分。我忽然就跟着他们一起高兴起来。

夜幕落下，缤纷的灯光将西塔照亮。西塔仿佛变成了一条流光溢彩的河。出租车繁忙起来，按照客人的指引，驶向飘着各种香气的秘密小巷。那里有烤肉、炸鸡、炒年糕、拌饭、酱汤、米酒、烧酒、朝鲜火锅……无论钱多钱少，都能寻到可心的去处。我也要穿过韩百商场下面的门洞，走过人群密集的一条巷子，去一家隐匿在居民楼中的小店，与友人们聚餐。那里有我们吃过一次就念念不忘的烤鳗鱼和拌辣蟹。

沿途，我遇到了很多年轻人。他们都那么美，不只是因为年轻。他们的身上有一种不羁和时尚相混杂的气质。那是一种我年轻的时候非常羡慕的气质。沿途，我还遇到了很多卖玫瑰花的人。后来，我在一家店铺门口的灯光海报提醒下，恍然记起这一天是七夕。

西塔街景

沈阳人的舌尖乐园

——西关清真美食街

如果不是每家店铺都挂着蓝色的清真招牌，西关美食街就和其他隐匿在居民区里的餐饮小街没多大区别。这里的饭馆没有豪华的装修，朴实亲民。这里的餐食也没什么名贵的食材，基本上，牛羊肉和面粉就可以搞定。但就是这样一条仅300多米长的街，在沈阳却无人不知，且大有来头。

西关美食街的历史与沈阳市回民聚居区的形成史是交织在一起的。而若要追溯沈阳市回民聚居区的形成历史，就先要提到清真南寺。

元代是中亚各族人大批入居中国，并开始融合形成回族的历史时期。回族先民最早踏上沈阳这片土地也是在元代。沈阳故宫博物院收藏了一座元至正十二年（1352）的石碑，上面刻有修建城隍庙的文字，其中一句"本庙营造，东至回回五哥院墙"可以证明，当时沈阳已经有回族人定居。

明建文元年（1399）至建文四年（1402），燕王朱棣与建文帝争夺帝位，引发"靖难之役"。兵部尚书回族人铁铉驻守济南，与燕王军交战，屡胜。燕王称帝后，铁铉被诛杀。其族人于永乐元年（1403）逃出山海关，落脚于沈阳。此后，铁氏家族在沈阳开枝散叶，渐渐发展成在沈回族人中的旺族。

清天聪元年（1627），沈阳出现了第一座清真寺，即清真南寺。

西关美食街入口

积七仟六佰四十六平方米，全院建筑面积六仟一佰六十七平方米。清真寺以拜殿亦称大殿为中心，分里院、外院。外院分前院、后院、南跨院、北跨院，院南北两侧有寺管委会、回族服务站、伊协、阿訇室、讲经堂、阿文室、办公室等五部分。里院正面是一座雄伟的礼拜殿和望……

清真南寺介绍

清真南寺内

《沈阳县志》记载："皇清定鼎之初，有铁帅吾公念大道不遗……倡议举行捐资兴寺。"铁帅吾即铁氏家族后裔铁魁。清真南寺就是在他的倡议和组织下，以众筹的形式兴建的。有了清真寺后，沈阳的回族人开始围寺居住。西关美食街就坐落在清真南寺南面的回民小区里，前身是回族人聚居地，沈阳最早的街市之一。所以，说西关美食街的历史有近400年，一点不为过。

除了具有悠久的历史，汇聚了沈阳城最具特色的清真美食，或许才是西关美食街备受沈阳人青睐的主要原因。

在沈阳八大风味小吃中，有两种是回民食品：一个是马家烧卖，一个是沈阳回头。到了西关美食街，你不仅可以吃到个儿大味美的烧卖和回头，还能品尝到其他富有回民特色的食品，像开口馅儿饼、一口酥牛肉火勺、羊肉包子、清真饺子。各种牛羊肉菜肴更是丰富得超乎你的想象。蒸羊羔肉、手抓羊肉、黄焖羊肉、扒羊脸、烤羊排、烧牛肉、酱牛舌、馕包肉……羊肉汤和羊肉串更不必说。

每一个第一次走进西关美食街的人都会自动生出选择障碍症。街虽不长，店铺却家家经典。肚子只有一个，吃了这家，就漏掉了其他家。所以，老沈阳人基本都是西关美食街的回头客。只要馋这一口儿了，就会过来吃一顿。

西关的美食，首先得说说回头。这是一种北方特有的面食，以沈阳回头最为出名。关于它的名字，还有个传说。

清光绪年间，有一户人家在沈阳北城门附近开设烧饼铺谋生。因为经营不善，生意一直不好。这日正值中秋节，生意更加萧条，时至中午尚不见食客进门。店主茫然，遂将铁匣内几枚铜钱取出，买了些牛肉，剁成肉馅儿，准备做顿馅儿饼过节。做至中途，想到惨淡的生意，一下子没了兴致，于是店主将面包上肉馅儿随便折了折，就扔到锅里。这时，外面进来一位差人，见锅中所烙食品造型

烹制牛羊肉的摊铺

新奇，买了几个品尝，没想到味道甚佳。差人当即告诉店主，再烙一盒送往馆驿。其他差人食后也是齐声叫绝。此后，这种食品名声大振，官民争相购买，店主的生意也日趋兴隆。因吃过的人都回头再来，故而店主将这种食品取名"回头"。

不过，关于这个非常具有迷惑性的食品名的由来，还有另一种说法。因为制作的时候要将面皮从四面向里折，所以取名"回头"。

沈阳回头色泽金黄，皮焦馅儿嫩，颇负盛名。在西关美食街里，有一家老字号的回头馆，就叫西关回头馆。他家的回头做法申请了专利，专利号就刻在门口的木质牌匾上，非常显眼。

美食街里的老字号饭馆还有王记饺子。据店主介绍，王记饺子的品牌创立于1910年，是一家真正的百年老店。1926年，沈阳城小西门附近建了一家商场，名为兴游园。它是由回族知名人士组成的"六一"公司租用场地所建，集购物和游乐于一体，当时号称"奉天第一商场"。商场里云集了马家烧卖馆、铁家烧卖馆、林家包子铺、杨家大饼、冯记切糕、白家押面等沈阳城有名的回民饭馆。王记饺子馆也位列其中。主理饭馆的是王永财与王永庆兄弟俩。王家兄弟在挑选做馅料的牛肉上特别下功夫，"宁要肉中长油的肥中瘦，不要另外加油的瘦中肥"，因而做出的饺子别具风味。后来弟弟王永庆去世，王记饺子馆由王永财独自经营。1980年以后，王记饺子馆相继由王永财长子王振江、长孙王崴接管，传承至今。

开口馅儿饼也是沈阳西关美食的一大特色，在其他城市很难见到。它的外形与一般我们常见的馅饼不同，中间有个圆形的开口，能看到里面的馅儿，面皮是带褶的，像个被压扁的包子。开口馅饼常见的有牛肉圆葱馅儿和韭菜鸡蛋馅儿，比普通馅饼稍大一些。皮焦脆，馅儿鲜美。一个馅饼配上一碗滚热的羊杂汤，就是令人满足的一顿餐食。如果是在寒冷的冬季，那感觉是既温暖又幸福。

美食街上的烤馕

美食街中店铺

回族人有很多民间谚语。比如："回回三大行，珠宝、饭馆、宰牛羊。"再比如："回回两把刀，一把卖牛肉，一把卖切糕。"如果有时间，在西关的回民聚居区内多走一走，你会对这些民谚有更深的体会。

回族人擅长做面食、糕点。回民小区里开有很多家清真糕点铺。其中，以老字号的李杨五花糕最为知名。这里的凉糕、切糕、五花糕色彩缤纷，品类多得可以超过任何一家装修精美的西式面包房、蛋糕店，而价格却实惠得多。它们就简单地摆在柜台里散卖，你挑中的，老板会用简易的透明塑料盒打包，味道绝对不会让你失望。提着这么一个盛着美味的普通盒子从店里走出来，感觉到的一定是一种踏实的满足感，就像我们渴望的一种生活——不虚荣，无压力。

回民市场也是值得逛一逛的，这里有最新鲜的牛羊肉。

去西关美食街吃一顿饭不值得炫耀，炫耀不属于西关。西关的朴实无华属于老友，属于至亲；属于推心置腹，属于久别重逢。

西关美食街

见证历史的满文石碑

——锡伯族家庙

2023年1月3日，国家文物局核定并公布了《第一批古代名碑名刻文物名录》。沈阳太平寺锡伯族家庙的满文石碑位列其中。石碑原为两块，另一块为汉文，碑文所刻内容一致，但汉文碑早已遗失。石碑为浅黑色石料制成，碑身呈长方形，上部方头略宽，下部为须弥座式底座，雕有莲瓣纹，中间刻有花卉纹饰。碑额两面均刻有阴文四个大字，汉译为"万世永传"。仔细看，碑身有断裂的痕迹，应为重新修复过。

此碑于清嘉庆八年（1803）被工匠打造出来，立于太平寺正殿的门前。作为一个抹不去的历史印记，石碑向居住于沈阳的锡伯族后代，讲述他们的祖先是如何来到这里的，以及家庙是如何建成的。想来立碑当日会是个隆重的日子，定然披红挂彩、鼓乐齐鸣、人流熙攘。毕竟，对于整个盛京城的锡伯族来说，这是一件大事。如今，220多年过去了。见过石碑最初模样的人们都已作古，唯有石碑历经磨难，走过历史的长河，满身沧桑地站在我们面前，向世人讲述一个民族的历史变迁……

太平寺，俗称锡伯族家庙，位于沈阳市和平区皇寺路178巷，始建于康熙四十六年（1707），与被称作皇寺的实胜寺比邻。碑文记载："康熙四十六年，众锡伯共用银六十两，购房五间，建立太平寺，自京城请《甘珠尔》经一百有八卷，每年四季诸僧聚诵不已，

山门

其愿永偿。乾隆十七年，协领巴岱，佐领叶恩德布、阿裕西等众锡伯勤力修建殿三间、两侧厢房三间、正门三间，供奉三世佛。四十一年，协领罗布桑、喇西、特固素、卓第等锡伯共修寺院，塑立宗喀巴佛、五护法、千手千眼佛、四大王，增请般若经，每年四季诵之不绝，永无穷矣。"显然，锡伯族家庙经过三次修建，历时近70年，才形成了最后的规模。而石碑立起的那一年，距离锡伯族人离开祖居之地，南迁至盛京，已经过去了100多年。对于一个民族来说，100年，足够他们融入当地的生活，繁衍生息，安居乐业了。

但最初离开故土的经历，却是一部辛酸血泪史。

最初，康熙皇帝支付了数百万两白银，将锡伯部从蒙古科尔沁赎出，编入满洲八旗的上三旗，安置在齐齐哈尔、伯都讷（在今吉林省松原市北）和吉林乌拉（今吉林省吉林市）驻防。但是几年之后，康熙皇帝又决定将他们迁移至北京和盛京。研究者分析锡伯部南迁盛京的原因，认为有两个。一个是满洲人关定都北京后，不断由东北抽调八旗兵驻守全国城镇要塞，致使盛京兵源不足，军纪涣散，需要尽快改变这一状态。而锡伯族原系打牲（即渔猎）部落，骁勇刚健，善于骑射，对补充盛京兵力、改善军队风气十分适宜。另一个原因是为了加强对锡伯部的统治。黑龙江将军萨布素曾上奏康熙，说这些锡伯兵"不遵守法令，旷误防哨，甚属可恨"。于是，从康熙三十八年（1699）开始，共计74牛录约6.5万名锡伯族人，分三批，历时三年，从故土被迁往盛京。因为行程较远，路途艰辛，清政府又不提供任何帮助，所以在路上病死和逃亡的人数甚众。据史料记载，仅以札斯泰等12牛录为例，从齐齐哈尔出发时，兵丁及家属共有10800多人，在前往盛京的途中，逃亡者达到155人，病死者更是多达383人。锡伯兵丁到达盛京后，很快被分散到开原、辽阳、盖州、锦州、宁远（今兴城市）、巨流河（在今新民市以东）等23处进行驻防。

碑文中记载了这段历史。"青史世传之锡伯部，原居（海拉尔东）南扎拉托罗河流域，嗣于齐齐哈尔、墨尔根、伯都讷等处编七十四牛录，历时四十余年。康熙三十六年，蒙圣祖仁皇帝施与洪恩，将锡伯等编为三队，于康熙三十六、（三十）七、（三十）八年移入盛京，分驻各地效力。"（考证认为，石碑记录的南迁年代有误）

在锡伯族的民族史上有两件大事：一件是南迁，另一件是西迁。如果说南迁客观上加快了锡伯族文明的进程，那么西迁的壮举，则从主观上证明了这个民族对国家的忠诚与无条件的守护。

锡伯族家庙大殿前的石碑，既是南迁的记录者，也是西迁的见证者。

西迁的原因比之南迁要简单得多。因为新疆伊犁地处边陲，战略地位重要，却防务空虚，土地荒芜，急需派兵屯垦戍边。而锡伯兵因勇猛善战，被伊犁将军明瑞在给朝廷的奏报中特别提及。"伊等未甚弃旧习，狩猎为生，技艺尚可……择其优良者一同派来，亦可与黑龙江兵匹敌。"

乾隆二十九年（1764）农历四月，从盛京、抚顺、牛庄、金州、岫岩、熊岳等15个驻防地抽调的1020名官兵，连同家属共计4295人，分成两队，分别由协领阿穆呼郎和噶尔赛带领，从盛京出发，出柳条边彰武台门，奔赴新疆伊犁。启程的具体时间，史料记载为农历四月初十和十九两日。相传四月十八这天，第二队准备启程的官兵和家属，齐聚在锡伯族家庙前，杀猪宰羊，祭拜祖先和神明，祈祷一路平安。其热闹的场景，恐怕不逊于敬立石碑的那一日。只是和那一日相比，气氛中又多了一些苍凉与悲壮。无数的亲朋至交即将分离，从此以后丁山万水就是永别。后来，锡伯族人将农历四月十八命名为"西迁节"，世代纪念这一民族壮举。

西迁比之南迁，条件要好得多。清政府给每位官兵发了一年的

石碑

俸银，又额外发了两个月的盐菜银，还有整装银、马匹、牛以及车辆。但路途艰险，气候环境恶劣，西迁之路并不轻松。农历八月底，西迁队伍抵达乌里雅苏台，此时，蒙古高原即将进入冬季，草地一片枯黄，寒气袭人。锡伯族官兵携家带口，老人和孩子禁不起旅途严寒，于是决定在此过冬，等候第二年春天再继续西行。这期间，牛马等牲畜因长途负重前行，都已疲惫瘦弱不堪，再加上风雪交加，无草可吃，竟生起了瘟疫。到转年开春的时候，原所带3000多头牛，只活下来400多头，马匹也倒毙了20多匹，剩下的皆瘦弱不堪。现有的牲畜根本无法负担大军前行。协领阿穆呼郎和噶尔赛只得向乌里雅苏台将军求助。经协调，乌里雅苏台出借了500匹马和500头骆驼，队伍才得以继续前进。行至科布多一带，正值阿尔泰山积雪融化，河水暴涨，一行人被围困。数日后，所带口粮渐渐不足，只好挖野菜充饥。就这样，锡伯族官兵及其家属克服了一路上巨大的困难，行程近万里，于乾隆三十年七月抵达了伊犁。至此，一年零三个月风餐露宿、跋山涉水的艰苦行程终于结束。锡伯族卫国戍边的"大西迁"壮举也从此传为佳话。

时间来到了20世纪。1956年，新疆锡伯族学生图奇顺来沈阳交通学校学习。一天，一个叫李力的人来找他。李力是沈阳化工厂的厂长，也是锡伯族人。他找图奇顺，是想请他帮忙完成父亲的临终遗愿——将锡伯族家庙石碑上的满文翻译成汉文。因为此时汉文石碑已不知所终。然而这次翻译的尝试并不理想。1959年，李力听说新疆少数民族社会历史调查组来到辽宁，进行锡伯族社会历史调查。他忙找到同是锡伯族人的辽宁省政协委员安文溥，一同请调查组来到太平寺，查看了石碑的情况。当时太平寺已被工厂占用。调查组的肖夫对碑文做了详细抄录，王钟翰又对碑文进行了拓印。回到新疆后，肖夫对寺院和石碑情况向新疆少数民族社会历史调查组做了详细汇报，调查组组长侯方若给沈阳有关部门发函，建议妥善保管此碑。此后不久，听闻此事的中央民族学院的学者赵展专程来到沈阳太平寺进行考察。但遗憾的是，寺院被摩托车厂占用，石碑已经不见了。赵展忙向工人询问。得到的回答是，石碑已被砸断，垫机器用了。赵展随即联系安文溥，并请他向省政协提出建议，希望能将石碑妥善保管。在安文溥的多方协调下，此事得到辽宁省委和沈阳市委的重视，认为该石碑对考察锡伯族历史变迁具有重要文物和历史价值，于是对石碑进行了转移和修复。1962年，锡伯族家庙的满文石碑被收藏至沈阳故宫博物院。1982年被定为国家一级文物。关于碑文也有了很多汉文翻译版本，都出自著名的专家学者，并且发表在《辽宁大学学报》《清史论丛》《社会科学辑刊》等学术杂志上。李力父亲的遗愿终于实现了。

1981年10月，新疆锡伯族语言学会首届年会在察布查尔锡伯自治县召开，沈阳教育学院讲师韩启崑受邀参加。他将沈阳锡伯族家庙满文碑的文字拓片带到了现场，令新疆的锡伯族同胞十分激动。他们中的大多数人都是第一次听说这块石碑，也是第一次见到碑上的文字。这是一次分隔多年的同族聚会。满文石碑以拓片的形式再次见证了这一时刻。无论分隔多远，血浓于水！

如今，在锡伯族家庙的正殿前，立起了一块与原碑一模一样的新石碑。它将继续守在这里，向一代又一代后世的人们，讲述一个民族的传奇历史，也将继续见证沈阳锡伯族人的新生活。太平寺门前的皇寺广场，现在已经成了沈阳城最热闹的地方。尤其是到了晚上，灯火流光溢彩，乐音盘旋夜空，人群摩肩接踵，美景目不暇接。歌舞、餐饮、商贸、游戏……兴奋的人流将广场挤得水泄不通。这是过去的时代从未有过的盛景……

波澜壮阔的民族史

——中国锡伯族博物馆

　　沈阳市沈北新区的蒲河岸边，有一座中国锡伯族博物馆。它是目前国内规模最大、藏品最为丰富的集文物典藏、民俗展陈、学术交流、文献研究、民族联谊等多功能于一体的国家级民族展馆。该馆占地面积为9804平方米，于2018年正式对外开放。将馆址选在这里，有两个原因。锡伯族是我国56个民族中人口较少的民族，现有人口约19万。全国有两大锡伯族聚居区，一个是新疆的察布查尔锡伯自治县，另一个就是沈阳市沈北新区。而新疆的锡伯族人都是在清乾隆年间为屯垦戍边从沈阳迁移过去的。所以，沈北地区可以说是中国所有锡伯族人的故乡。此为原因之一。原因之二，沈北也是锡伯族杰出人物图伯特的出生地。

　　走进锡伯族博物馆的大门，迎面就看到整面墙的大型浮雕，展现的是民族万里西迁的壮观场景。下面红色的展板上，写着习近平总书记2019年在全国民族团结进步表彰大会上的讲话中的一段文字："昭君出塞、文成公主进藏、凉州会盟、瓦氏夫人抗倭、土尔扈特万里东归、锡伯族万里戍边等就是这样的历史佳话。……中华民族精神是各族人民共同培育、继承、发展起来的……成为推动中国发展进步的强大精神动力。"

　　展厅主要分布在二楼。分为民族起源、南迁两京、奉旨西迁、文学艺术、体育游戏、宗教信仰、民族大团结七个部分。

位于沈阳的锡伯族博物馆

锡伯族博物馆内浮雕

关于图伯特的生平、功绩，历史展厅里有几幅图文进行了专门介绍。透过这些简短的文字，我们依然可以被他的故事感动，并深深地理解为什么锡伯族人会世代将他铭记。

1755年，图伯特出生于盛京北郊一户姓伊拉里的锡伯族人家。父母给他取的乳名叫图克善（满语中是牛犊的意思），希望他能健康、强壮地长大。他的童年或许与同龄的锡伯族儿童一样，在山坡上放牧牛羊，或者在农田里嬉戏玩耍。但是9岁这一年，他的人生发生了重大变化。童年尚未结束，他便与父母家人一起，踏上了无比艰险漫长的西迁戍边之路。从盛京走蒙古高原，过阿尔泰山，到达新疆伊犁。风餐露宿，行程近万里。其间，目睹了大批随行牛马因瘟疫而死、在风雪交加的乌里雅苏台借宿过冬、被洪水围困断粮靠野菜充饥……这些经历无疑是苦难，对图伯特来说，或许也是一生的财富。一年多以后，当10岁的图伯特踏上伊犁这片土地时，他的童年已经彻底结束了。

作为后世人，我们自然无法考证图伯特的性格，但我相信他一定是个早熟且坚强刚毅的人。从18岁应试披甲，图伯特从兵营中最低等的士兵做起，靠着勤奋、勇猛，又聪颖好学，一路晋升为领催、防御、佐领、副总管，在45岁的时候晋升为总管，成为锡伯营的最高行政和军事长官。

在任期间，为解决粮食短缺和灌溉难的问题，图伯特率400名兵丁与闲散，于1802年10月开始劈山凿渠，引伊犁河水灌溉，并开荒造田。经过七年的苦战，终于挖出了伊犁地区有史以来第一条人工大渠，时称"锡伯渠"，后改名为"察布查尔大渠"。水渠深一丈，宽一丈二尺，全长200余里，可灌溉面积达10万亩。这项水利工程不仅惠及当时的锡伯族人民，时至今日，还在造福着两岸的后世人。

广场上的图伯特雕像

大渠建成后，人们欢欣鼓舞，生产积极性迅速高涨，很快就开垦出了七万多亩土地，以后又逐年增多。原来沿伊犁河南岸居住的几个牛录，也先后迁至察布查尔大渠南北两岸，修筑城堡定居下来。从此，在一片荒无人烟的原野上，出现了村落相望、阡陌相连的繁荣景象。锡伯族军民的生活也大为改善。为了纪念图伯特倡导开渠的功绩，锡伯族人民自发为他建立了图公生祠，每年春秋两季举行祭拜庆典。

时任伊犁将军松筠将图伯特修渠的事奏报给朝廷，嘉庆皇帝十分高兴，令图伯特进京朝觐。图伯特进京时，带去了察布查尔地区的十多种土壤样本，向嘉庆皇帝一一介绍了它们的性质、用途，并阐述了如何发展锡伯营农业生产的远景规划。嘉庆皇帝甚为感动，下诏为其绘像，悬挂于紫光阁。这次朝觐的最后，图伯特向嘉庆皇帝提了一个请求，希望能恩准其返回东北故乡祭祖省亲。

此时，距离图伯特随家人西迁已经过去了45年。昔日的懵懂少年已被岁月打磨成了一位沉稳老者。我们不难想象图伯特重新走在故乡土地上的感慨万千。年少时分别的长辈们，多半已不在人世。童年时戏耍的伙伴，走至对面怕也很难辨别出往昔的容颜。故土犹在，却物是人非……他定然会被同族人所包围，被问及很多他回答不了的问题。那些问题都指向一个词——思念。毕竟，他是45年来唯一从伊犁返回故乡的人。

从盛京返回伊犁的途中，图伯特接到圣旨，他被任命为塔尔巴哈台领队大臣，即刻赴任。在塔城，图伯特又继续兴修水利、发展农业生产，造福一方百姓。后来因积劳成疾，图伯特患上严重的关节疾病，行动不便，便卸任回乡。1823年，图伯特在锡伯营正黄旗的家中逝世，享年68岁。

万里西迁的锡伯族人在新疆不只是开垦土地、建设新家园，成

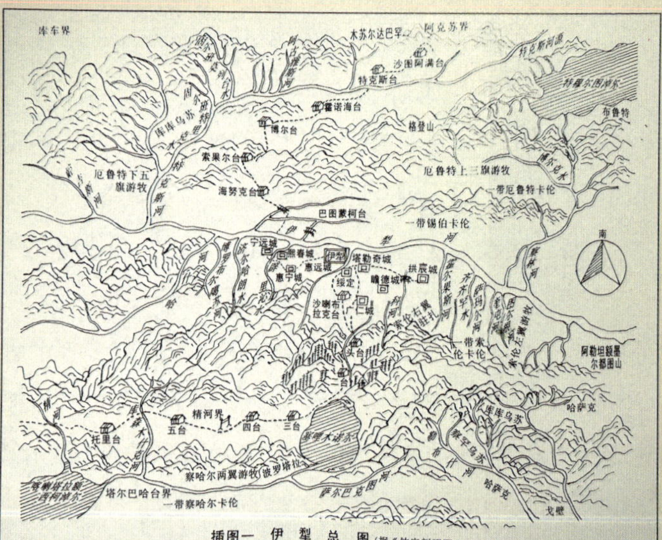

插图一　伊　犁　总　图（据《钦定新疆图志》复制）

乾嘉时期伊犁总图

馆陈历史地图

边卫国、维护国家统一更是他们的重要任务。在这一点上，锡伯族人依然不辱使命，以忠诚与勇敢，为自己的民族绘就了一幅可歌可泣的爱国画卷。

锡伯营长期担任的军事任务，有驻守卡伦，赴塔尔巴哈台、喀什噶尔等地换防，巡查布鲁特和哈萨特游牧地带，以及补充士兵至伊犁北岸的惠远城满营，以加强防务等。除此之外，他们还要应对一些突发事件。如沙俄趁乱强占伊犁，锡伯营时任总管喀尔莽阿带领官兵奉命垦荒，将所屯粮食源源不断地运往前线，为左宗棠收复新疆提供了重要物资保障。

在这些平叛和卫国的战斗中，锡伯营里涌现出了很多英雄人物。在博物馆内，有一组巴图鲁（满语，意为勇士，可转译为"英雄"）画像，记录下了这些英雄的名字、事迹和英武形象。这里面就有生擒张格尔的讷松阿、舒兴阿、德克精阿三位勇士，他们被道光皇帝钦赐侃勇巴图鲁、绍勇巴图鲁和肃勇巴图鲁的名号，并下诏绘像紫光阁。

博物馆的历史展厅主要介绍了锡伯族的起源和两次民族大迁移——南迁与西迁。文化展厅则集中展示了锡伯族的文教卫生、宗教信仰、饮食服饰和传统习俗。内容丰富多彩，可以让我们更加全面地了解这个民族。其中，馆藏的清代锡伯族萨满升天图、抚顺胡氏家族供奉的布制祖宗神位非常稀有珍贵，很值得一看。在民俗部分，实景搭建的锡伯族民居，有细致的内部构造和房间布置的展示，也很有特色。

走出中国锡伯族博物馆，会看到开阔的锡伯族文化广场。在广场的四周和中央安放着图伯特雕像和《锡伯魂》《城北送别》《到达伊犁》《梦回故乡》四个主题雕塑。其中以矗立在广场中央的《锡伯魂》最具艺术创意。它以"图腾柱"为造型，借鉴了锡伯族独有的

博物馆内展出的锡伯族日常用具

雕像《锡伯魂》

民间剪纸艺术，通过浮雕的艺术手法，再现了锡伯族的生活习俗、祭祀仪式以及图腾瑞兽、日、月、七星等文化符号，突出展现了锡伯族文化元素的核心——庄重而神秘的祭祀文化。这组雕像是由沈阳师范大学的孙宇副教授和美国雕塑家苏桐共同创作完成的，名为《锡伯族西迁历史历程主题雕塑》。

在广场的入口处，伫立的是图伯特的全身雕像。他正面容沉毅地注视着熙来攘往的大街。他可能不会想到，200年后，他出生的地方会变得如此繁华与现代。也不会想到，在这片故土上，不只有锡伯族人记得他，那些了解他故事的人们，总会在路过这里的时候，向他遥望、致意！

满族酿酒文化的活化石

——爱新觉罗皇家博物院

爱新觉罗皇家博物院坐落于法库县大孤家子镇半拉山村。车子驶过热闹的小镇市集，就进入了只容两辆车并行的乡村公路。周围逐渐安静下来，满眼只剩下两边成熟的庄稼。如果不是前面有一辆很像观光旅游用的大巴车，我可能会怀疑自己走错路了。直到前方出现了一座被黄金琉璃瓦覆盖的彩色牌楼，雾蓝底上用金色的汉文和满文写着"白酒古镇"，我的心才彻底放下来。汽车穿过牌楼，又走了好一会儿，终于抵达目的地。我禁不住想起了那句俗语，"酒香不怕巷子深"。

大巴车确实停在了这里。车里下来的人都是中老年人。有一些女人穿着汉服，还有几个女人穿着旗袍。男人中，有一些胸前挎着长焦相机。在进入景区后，我不时碰到他们在拍照。

这是一处仿古建筑群。青砖青瓦，树木葱茏。有亭台楼阁，有小桥流水，有戏台，还有古城墙，确实很适合拍古装照。但与别的仿古建筑群不同的是这里不时出现的"酒"元素。一进大门，就可以看到用树枝编制的大酒海。再往里走，两边镶在墙上的展示柜里，摆放的都是辽代瓷器。提示文字写着：辽代酒具展。隐藏在回廊里的一组铜雕像，除了四个人物，中间赫然摆放着一个酒坛子。靠近马路的一排老房子，门前立了一块石碑，刻着"御酒酿造坊"。门上挂着暗红的牌匾，写的是"满族第一坊"。

博物院入口处牌楼

离这里不远，有几座高大的粮仓，外墙糊着平整的黄泥。不用说，如果这里曾经存过粮食的话，一定也是用来酿酒的。就算是不知道爱新觉罗皇家博物院景区历史的人，看至此处，恐怕也猜出几分，这里与"御酒"有着密切的渊源。

半拉山村的酿酒历史要从辽代说起。因土地肥沃、水质优良，又盛产粮食和瓜果，半拉山村是一处天然适合酿酒之地。在辽代，这里有一座名为溪井院的烧锅酿酒作坊，所产佳酿专供辽皇室享用，是远近闻名的御酒生产地。这溪井院烧锅便是爱新觉罗皇家博物院的前身。辽地处于中国北方，冬季寒冷，举国上下皆好酒。最有名的应该就是辽穆宗了。《契丹国志》中有记载："帝年少，好游戏，不亲国事，每夜酣饮，达旦乃寐，日中方起，国人谓之'睡王'。"皇帝如此，自然上行下效。这样一个全民都喜欢饮酒的国家，酿酒业必然很繁荣。

北宋至和二年（1055），49岁的欧阳修出使辽国。在次年的归途中写下了《奉使道中五言长韵》，记录了一路的见闻。其中，不仅有描绘辽人风貌的句子——"儿童能走马，妇女亦腰弓"，也有对契丹民族饮食风俗的描写——"斫冰烧酒赤，冻脍缕霜红"。冻脍即冻肉，冻肉上挂着霜，这个好理解。但前一句却有点令人费解。既然是将酒烧热，为什么又要"斫冰"呢？2006年，吉林省大安市出土了整套的辽代制酒烧锅用具，经考古学者考证，并对制酒过程进行了复原，终于解开了这个谜团。斫冰即砍砸冰块准备制酒。烧酒中的"烧"可作动词解释，意为点火蒸馏出酒。"赤"可解为赤热。"斫冰烧酒赤"不仅形象描写出了辽人酿造蒸馏酒的过程——砍冰准备、烧火蒸馏、用冰降温、酒液赤烫，还点出了当地烧制蒸馏酒的独特工艺是加冰制冷。

中国烧酒（即白酒）的起源是学术界长期争论的话题，一直众

院内粮仓

说纷纭。在时间上有汉、唐、宋、金、元等观点。但纵观史书文献，宋代之前并无与蒸馏酒相关的明确文字记载。宋以前的"烧酒"，一般指低温加热处理的谷物发酵酒；"蒸酒"说的也不是蒸馏酒，而是指对酒加热。如此看来，辽代的蒸馏制酒技术在中国出现得比较早。那么，是不是可以说，至少在辽代，东北地区的酿酒技术在中国处于领先水平呢？

在酿酒技术这么先进的地区，能成为专门酿造宫廷御酒的作坊，爱新觉罗皇家博物院的历史可以说是相当辉煌的。

如今在景区里已寻不到辽代古迹的影子，只有展示柜里的瓷器在安静地展现着这部分历史。那些具有鲜明辽瓷特征的鸡冠壶、凤首壶，其实有很多用途，并非辽代专门的酒具。但谁又能说，可以拴在马背上的鸡冠壶里没盛过酒呢？

辽代以后，在金、元、清三个朝代，这里也一直是皇室御酒的生产地。1635年，也就是后金天聪九年，酿酒坊更名为祖家坊烧锅。清康熙年间，再次更名为祖家坊酒厂。从名字上可以看出，酿酒坊的规模有所扩大。不仅如此，在清代，酿酒坊的管理者也逐渐演变成了爱新觉罗皇室家族的人。这里古老的酿酒技术最终被他们掌握。他们又将满族独有的酿酒方法融合其中，使御酒更符合满族人的口味。

与清代酿酒历史有关的古迹，在景区里有多处。

首先值得一提的就是酒海。作为一种独特的贮存酒的容器，酒海有着1000多年的历史。早在唐代，白居易就在诗中写过"就花枝，移酒海，今朝不醉明朝悔"。酒海的制作过程很复杂。先用荆条或木材编织成大篓，然后内壁以血料、石灰等作为黏合剂，糊以上百层麻苟纸和白棉布，最后再用蛋清、蜂蜡、熟菜籽油等以一定比例涂擦、晾干。特殊的工艺使得酒海"装酒滴酒不漏，装水挥失

溥任题“满族第一坊”牌匾

殆尽"。满族酒海在制作用料上与汉族传统有所不同。汉族制作酒海的血料用的是猪血，满族酒海则用鹿血。酒海存酒事实上也是古代酿酒工艺的最后一道工序。由于酒海特殊的材质，蜂蜡、麻纸、蛋清、血料这些有机物质，会在酒的长期浸泡下，将自身的香味和颜色溶解到酒里，从而影响酒的最终色泽和口味。血料是制作酒海的重要原料。故而满族酒海盛放的酒，在口味上肯定会有些独特。满族酿酒工艺的另一大特点，是在酒曲的制作上会加入一些东北特有的原料，比如人参、鹿茸等。这也会影响酒的口味。爱新觉罗皇家博物院里保存有清代流传下来的酒海，不过已很少对外展出。

古代将酿白酒的作坊称为烧锅。这里的"锅"可以说是最重要的酿酒器具。清代制酒大石锅也是爱新觉罗皇家博物院里的特色藏品。此石锅内外两层均为石材，由48块石片组成。因为通过石锅蒸馏所酿的酒，遵循古法、风格独特，所以这口石锅也被誉为"满族酿酒文化第一锅"。

长度达一公里的"皇家第一酒窖"也不能不提。走在里面，不仅能闻到陈年老酒的清香，还能从壁画上了解到满族的源流以及清朝的历史。

景区内还有一个古旧石槽。据说当年烧锅坊鼎盛时期，来此买酒的商人络绎不绝，石槽就是他们用来喂马拴马的。

拍照的那群人似乎已经完成了一些满意的作品。我看到他们将带来的锡箔垫铺在地上，三三两两地坐在一起，聊天、休息、翻看照片。我猜想他们或许是老年大学摄影班的学员，也可能是汉服社的成员。抛开酿酒文化的历史不说，单看环境，这里也算得上一处古朴幽雅的园林。而且由于远离市区，游人不密集，因而漫步于此，会有种难得的轻松感。

乾隆皇帝应该来过这里多次，景区内有很多他的题诗和题字。

院内运酒队壁画

院内酒坛装饰的围墙

院内清代石槽

清代遗址待月亭

待月亭前就有一副他写的对联，"雨霁层峦看芙蓉朵润，风轻幽涧听琴筑声清"。如果他描写的景致是有感而发，那么可以想象，当年这里的风景也是十分怡人的。

满族民俗里的东北记忆
——岫岩满族博物馆

岫岩满族博物馆位于辽宁省岫岩满族自治县阜昌路133号。它是一幢五层的仿古风格建筑，墙体呈浅灰色，楼顶为飞檐造型，上面覆有孔雀蓝的琉璃瓦，古朴典雅。其中间高两边低的形态，很容易让人联想到满族传统的三合院。该馆于1985年建造，总建筑面积2857平方米，是全国第一座建成开放的满族博物馆。其馆藏满族文物非常丰富，展现出深厚的满族文化底蕴。

走进博物馆，首先看到的是"满族源流厅"。这是一个大型图文展厅，以300多幅珍贵的历史照片和绘画作品，再现了满族及其先祖在各个不同历史时期的生活概貌。

在"满族民俗展"部分，你会看到一处详细复原的旧式满族民居。屋里有满族人标志性的卍字炕。南炕、北炕宽敞，可以住人，西边的窄炕用来供祖宗板。炕上铺着金黄油亮的炕席，炕沿是原木的。想来是被无数双手在坐下时抚摸过，十分光滑。侧面对开门的炕琴，镶着手绘花鸟的彩色玻璃。炕琴上摞着被褥和枕头。南方人可能无法想象，叠被子也曾是东北人的一项专门劳动。一般来说，都由家里未出嫁的姑娘完成。比如我小的时候，每天早晨起床后，都要把所有人的被褥和枕头叠好，摞到炕琴上。这不是一件简单的事。想要叠得整齐，又保证不掉下来，是个技术活。家里人口多的话，被垛就几乎顶到了棚顶。除了病人，谁都不能睡懒觉。因为炕

卍字炕与炕琴、纺车、火盆

要打扫干净，放上炕桌，一家人围着吃早饭。炕的功能是很多的。早饭过后，灶膛里扒出来的木炭火会被装进铸铁的火盆，端到炕上。在严寒的冬季，一家人就靠着火盆和火炕上的余温取暖。火盆里也可以埋上土豆或者地瓜，熟了的时候，满屋都是香气。那时的冬天，我从未感觉过冷，也从不会寂寞。孩子们可以坐在火炕上玩嘎拉哈，老人可以在炕上玩纸牌，大姑娘小媳妇坐在炕梢，倚在炕琴上，纳鞋底、绣花。邻居们喜欢互相串门，白天聊一聊东家长西家短，晚上就点上煤油灯，讲一些狐仙、黄大仙之类鬼怪故事。

除了土豆、地瓜和炭火，这间展厅里有我前面提到的所有物件。至少在20世纪70年代，展厅里的风貌还是东北农村的寻常场景。

在这间能勾起很多东北人童年记忆的展厅里，外地人还可以亲眼见识到"东北三大怪"——"窗户纸糊在外、姑娘叼着大烟袋、养个孩子吊起来"。

窗户纸不是普通的纸。从前，东北民间有专门制作窗户纸的纸房子。我在小说《立冬》中有过描述。"所谓剁绳头子，是造麻纸的第一道工序。就是将原料先剁碎。原料包括芦苇、蒲棒草、花麻、线麻以及一些废旧的绳头子。这活虽然不需要什么技术，但也讲究个细心和耐心。因为剁得越碎，纸造出来就越细腻结实。"这种纸我小时候见过。因为里面充满了纤维，所以不容易被撕破。窗户纸为什么要糊在外面？其实是个物理问题。因为东北的冬天极为寒冷，所以室内外温差很大。窗户处在冷热交织的中心，朝着屋里的那一面会经常产生水汽。如果将窗户纸糊在里面，肯定要被水汽浸泡脱落。条件好一些的人家还要将窗户纸掸上苏子油，既防水，又透光。我读小学的时候，窗户都用上了玻璃。但窗户纸在东北并未绝迹。它有了个新用途——溜窗缝。将窗户纸裁成条状，抹上糨糊，贴在所有能进风的缝隙上。当然，还是糊在外面。那时的中小学生，每

馆内陈列的棒槌、烟袋锅等展品

年入冬前，都在学校里参与过这项劳动。

展厅里实景民居的窗户，是标准的传统两扇式格子窗。上面一扇向上开，房梁上吊下来个钩子，可以将窗扇勾住。小的时候，我的爷爷经常在睡觉之前关上窗户，将他的裤子挂在那个钩子上。下面的窗扇是插在木窗框上的。到了夏天，将窗扇从窗框里抽出来，风就可以无拘无束地吹进来。我呢，也可以无拘无束地从窗口直接跳到外面去。每到那时刻，我都觉得窗子一下子大了好多。

离炕琴不远的地方，从房梁上吊下来一个婴儿悠车。悠车一般都是木质的，椭圆形，两端上翘，像秋千一样吊在炕沿的上方。每个小婴儿睡悠车的时间都不长。因为一旦他学会了坐着，就很容易从里面掉出来。每个孩子在学会走路之后，都会特别迷恋悠车。对他来说，那就是梦寐以求的玩具，是这世上最舒服的地方。但是，这时候，那里面通常已经睡着更小的弟妹了。他们还不懂得享受这个玩具，只知道睡觉。我一直觉得悠车是一种有点残忍的东西。不过，满族人在发明它的时候，却完全缘于父母对孩子的保护和爱。《关东旧风俗》记载，满族人游猎尚未定居时，因山林中毒蛇野兽出没，把不会走路的小孩儿放在地上不安全。于是，他们便想出"吊起来"的办法，用兽皮制成兜状的吊袋，两端挂在林中大树上。

至于"姑娘叼着大烟袋"，多少有点夸张。只有老太太才有资格天天叼着大烟袋。姑娘们最常做的事不是抽烟，而是给长辈们装烟袋。将旱烟叶子揉碎，装到烟袋锅子里。要装得恰到好处，不松不密，点得燃，吸得久。装得不好可能被视作不孝顺。

满族服饰厅展出了各种满族先民服饰、清代满族服饰以及现代服饰和各种饰品。其中清光绪晚期的缎面马甲、清末的乌拉鞋、清代的扁簪都很有满族特色。在琳琅满目的展品中，我注意到一件以前没有见过的织物——补子。补子也被称为"胸背"或"官补"，是

复原东北民居窗户

清代刺绣枕头顶

清代官服用补子

明清时期在官服胸前或后背上织缀的一块圆形或方形织物。根据官位不同，纹样形式也不同。这块补子是清代的，图案是一只猛兽而非飞禽，因而可以推知这块补子的主人是一名武官。补子是封建等级制度最典型的标志。就拿清代武官的补子来说，一品的纹样是麒麟，二品是狮，三品是豹，四品是虎，五品是熊，六品是彪，七品、八品是犀牛，九品是海马。透过这件轻薄的小小织物，我们可以窥见封建官场令人窒息的尊卑等级，它被统治者化身成一个个抽象的符号，时时刻刻鞭策着人，也捆缚着人。

服饰厅里还有件有趣的藏品——肚兜。满族男女老幼皆戴肚兜。贴在胸前，系于腰腹。满族人制作肚兜很讲究，兜嘴按本旗所属的颜色，镶一寸宽彩色布条，绣上吉祥字和图案。小孩子绣上"长命百岁"，成年男人绣"吉祥如意"，女人则绣花卉。如遇本命年，则一律穿戴红肚兜。

满族民间文化艺术展厅应该是岫岩满族博物馆里最引人注目的展厅了。因为这里面展示的满族民间剪纸、皮影和刺绣，都在2008年被列入国家级非物质文化遗产名录。

满族刺绣最具有代表性的是"枕头顶绣"。在保存下来的满族民间刺绣作品中，枕头顶绣品类最全、佳作最多。

过去，在满族的婚礼上，新娘要把自己绣的枕头顶绷在苫布帘子上"晾嫁妆"，并由亲友们品评。婚礼后，新娘还要将枕头顶作为见面礼送给婆婆或妯娌，使自己被这个家庭接纳。收到的人会将枕头顶珍藏起来，作为纪念之物。有的则在将来女儿长大成亲时，作为家珍相赠。还有的人会在自己临终时将枕头顶随葬或一起火化。由此可见，枕头顶刺绣在满族妇女的一生中所占有的重要位置。

满族刺绣最具特色的技法是割绣。即把两个厚一些的面料紧贴

馆藏清代刺绣小样

在一起，在绷子上固定好，待绣好图案后，用利刀从中间割开，形成两个花色相同、构图对称的绣品。割绣技法在枕头顶刺绣中运用得尤其广泛。

岫岩皮影戏不仅已列国家级非物质文化遗产，更作为中国皮影的一部分，入选了联合国教科文组织非物质文化遗产名录。皮影戏在明清时期传入岫岩，至今已有300多年的历史。岫岩皮影与普通皮影的区别，在于它传承和发展了满族特有的文化，因而具有鲜明的民族特征和地域特色。

岫岩剪纸是以反映满族人民群众生活为特征的剪纸艺术，迄今已有300多年的历史。真正形成岫岩民间剪纸艺术的年代，是在明末清初。乾隆年间最为流行。满族剪纸独有的一种形式，就是挂笺。过春节时，家家户户都会将其悬贴于门窗横额、室内大梁等处，像招展的镂空彩旗，增添着节日气氛，祈求着一年的平安顺遂。岫岩剪纸因为满族特色鲜明，近年来已经有多幅作品被中国国家博物馆收藏。

满族传世文物厅展出的都是一些比较珍贵的文物，包括辽金瓷器，明代陶器，清代铜器、铁器、木器等。其中，清代乾隆年间的《奉天诰命》长卷是一件很稀有的藏品。

这帧长卷为丝织品，轴宽33.5厘米，长308厘米。虽历经近300年的沧桑，依旧颜色鲜艳、质地良好。它的正面采用当时非常先进的缂丝工艺制成，上面均匀地分布着如意云纹图案。左侧为金黄色，右侧为灰白色。金黄色部分为满文，灰白色部分为汉文。文字后面盖有满文和汉文两枚刻有"制诰之宝"的朱红方印。这件藏品是1975年在岫岩县兴隆乡发现的。据《岫岩县志》记载，乾隆十六年（1751）间，有位满洲正白旗将领彰武太，在陪同乾隆皇帝打猎时，突然遭遇两只猛虎。危急时刻，彰武太表现得非常勇猛沉着。他先

岫岩皮影

馆藏清代皮影和剪纸

馆藏清代瓷枕

馆藏清代帽筒

用火枪打死一只老虎。当另一只虎扑过来时，他来不及开枪，就用枪杆猛击老虎咽喉，老虎当场毙命。乾隆皇帝大悦，擢拔其为锦州副都统。后来，乾隆皇帝又封其父为"贤政大夫"，封其母闫氏为"夫人"。这就是这帧《奉天诰命》文书的由来。

赫图阿拉时代的努尔哈赤
——赫图阿拉城

　　赫图阿拉城位于新宾满族自治县城西16公里苏子河南岸。赫图阿拉在满语中的意思是"横岗"。赫图阿拉城即建在平顶山岗上的城。它三面临着崖壁和水，确实是一座易守难攻的山城。它的成名是因为1616年努尔哈赤在此称汗，建立后金政权，从而拉开了一个王朝的序幕。作为后金的第一个都城，它见证了很多重要的历史时刻，也曾迎来两代帝王的出生。如今，在考古学者的眼中，它是中国最后一座山城式都城，也是迄今为止保存最完好的女真山城。而在大众眼中，它仅仅是一处有点历史故事的旅游目的地。论知名度，它远远不及北京的紫禁城和沈阳的故宫。但努尔哈赤一生中的重要事件，大部分都发生在赫图阿拉时代。所以，在我看来，它可以被称作努尔哈赤之城。

　　我们就从城中的塔克世故居说起。熟悉清前史的人都知道，努尔哈赤起兵反明，其中最重要的原因，就是他的祖父觉昌安和父亲塔克世都被明军误杀。

　　努尔哈赤家族世袭建州左卫指挥使，是建州女真的上层人物。但是由于女真部族之间的争斗，到了努尔哈赤出生的时候，已家道中落。觉昌安于是依附于势力强大的建州右卫指挥使王杲，还将孙女嫁给了王杲的儿子阿台。后来，王杲进犯辽沈，被明辽东总兵李成梁所杀。其子阿台为报父仇，屡次骚扰明边界。建州女真图伦城

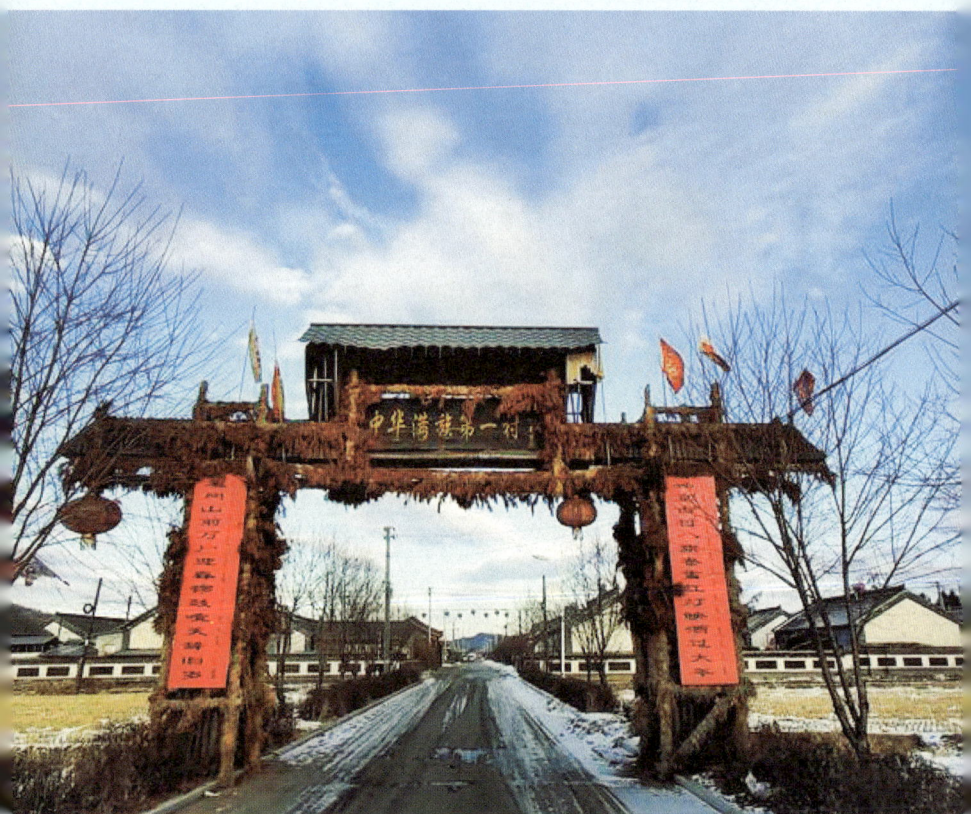

赫图阿拉城景区大门

主尼堪外兰为谋求上位，引导明军攻打阿台据守的古勒寨。觉昌安和塔克世进城劝说阿台投降，不料明军突然进攻。混乱中，觉昌安父子被明军误杀。

万历十一年，即1583年，为了报仇，努尔哈赤以父祖13副遗甲起兵，攻克图伦城。此后，一直到称汗前，努尔哈赤不停征战，征服了女真大部分部落。尼堪外兰也被他斩首。但由于势力尚未壮大，这期间，他没有公开反明，并且多次向明朝纳贡称臣。

称汗两年后，努尔哈赤认为时机已经成熟。他以"七大恨"告天，作为誓师檄文，向大明王朝公开宣战。而"七大恨"的第一条就是"明无故生事杀吾父祖"。第二年，就发生了扭转历史的萨尔浒之战。

塔克世故居也是努尔哈赤的出生地，位于赫图阿拉城的东部。这是一个典型的满族院落，分东院和西院。满族以西为尊，所以西院是努尔哈赤祖父觉昌安的居所。塔克世居东院。努尔哈赤出生在东院正房的东屋。传统满族民居的经典元素在这里都可以找到。比如，院落样式为正房加东西厢房的三合院；正房堂屋搭灶台，东西两屋建卍字炕；烟囱在房屋的侧面独立搭建，以炕道相连；门口立索伦杆。

赫图阿拉城内最重要的地方自然是汗宫大衙门。这是一座外形呈八角形，重檐攒尖式建筑，居于城的北面，前面是一片开阔的广场，两边各有一个荷花池。汗宫大衙门于1603年开始建造。这一年努尔哈赤44岁，距离他13副遗甲起兵已经过去了20年。他把最勇猛健壮的20年都交给了沙场，将曾经内斗不止的女真各部重新整合成一个整体。在建造这个最高权力机构之前，他就已经有了建立独立政权的想法，并为此开始准备。1599年，努尔哈赤命额尔德尼、噶盖以蒙古文字头形体创制满文，并颁行辖地推广使用。1601年，

城内传统满族民居院落

努尔哈赤整顿编制，分别以牛录额真、甲喇额真、固山额真为首领，初置黄、白、红、蓝四色旗，编成四旗。1615年，增设镶黄、镶白、镶红、镶蓝四旗，八旗制度自此确立。八旗兵战时皆兵、平时为民，使军队具有了极强的战斗力。1616年，在汗宫大衙门内，八旗大臣跪呈文书，上尊号"天任命的抚育诸国的英明汗"，国号"大金"，建元"天命"。史称后金政权。自此，努尔哈赤每五天在这里召集一次朝会，商议军政大事，由代善、皇太极等四大贝勒和额亦都等五大臣协助处理国政。

在汗宫大衙门的斜后方，有一栋独立的建筑，是汗王寝宫。这里是努尔哈赤与他的大妃居住的地方。努尔哈赤一生有四位正妻。从时间上推断，住在汗王寝宫里的大妃应是他最后一任正妻——阿济格、多尔衮与多铎的母亲——阿巴亥。

阿巴亥是清前史的女人中最富悲剧色彩的一位。她是海西女真乌拉部贝勒满泰的女儿。为保住乌拉部不被建州女真所灭，阿巴亥11岁时被做首领的叔父布占泰亲自送往赫图阿拉城，与努尔哈赤成婚。阿巴亥成为大妃这一年是1604年，她14岁，努尔哈赤45岁。

阿巴亥一直深得努尔哈赤的宠爱。这份宠爱也延续到了她的三个儿子身上。虽然他们年纪尚小，但努尔哈赤还是将八旗军中的三旗交给这三个儿子分别掌管。阿巴亥也逐渐走进了权力中心。想来那时的汗王寝宫内，定会时常传出阿巴亥的笑声。而在她30岁这年，却发生了一件震惊宫廷的事情：努尔哈赤的两个侧妃告发阿巴亥与大贝勒代善有染。在审理过程中，诸贝勒、大臣又说，他们都目睹过大妃借宴会或议政之时，对代善眉目传情。努尔哈赤对此又恨又恼，但因为他曾有言在先，百年之后，欲将诸幼子及大妃交由代善抚养，而且女真人有收继婚俗，即"父死，子妻其继母"，加上又没有确凿的证据证明代善如何不轨，所以努尔哈赤最终以窃藏财物的罪名，将阿巴亥休离。后世有人分析，这次事件可能是心怀野心的皇太极的一次阴谋，因为自此以后，不光是阿巴亥失宠，代善的威信也一落千丈。

但努尔哈赤可能还是喜欢阿巴亥的。仅一年之后，努尔哈赤迁都辽阳，又重新将阿巴亥立为大妃。这份重新获得的尊荣并没有持续太久，1626年，努尔哈赤痛病突发而亡，阿巴亥在皇太极和代善等人的逼迫下，自缢为努尔哈赤殉葬，结束了她短暂的一生。

阿巴亥在赫图阿拉城住了将近20年，是这座后金都城真正的女主人，但城中有关于她的痕迹却不多。少女时代，她作为部族联盟的礼物被送进了赫图阿拉城，嫁给了一个可以做她爷爷的男人。她把青春留在了这里，为人妻，为人母，从懵懂少女成长为成熟的王妃。这座城里本该留下她一生中最美好的回忆，但她却是带着耻辱离开的。那可能缘于她作为女人的一次心动，却被权力和嫉妒所利用，将她从巅峰拉入谷底。她最终也没能逃脱权力的围剿。殉葬的说辞，出自努尔哈赤的本意也好，出自皇太极的阴谋也罢，她终究没有别的生路。从礼品到牺牲品，这就是她一生的写照。甚至在她死后，也没有逃过权力的愚弄。顺治七年（1650），因为她的儿子多尔衮摄政，手中握有重权，她得以被追封为"孝烈恭敏献哲仁和赞天俪圣武皇后"。但仅仅过了一年，在多尔衮去世不久，她就被剥夺了封号，灵位也被驱逐出太庙。当人们徜徉在赫图阿拉城，不停地感慨一代帝王的英明神武时，不会有多少人记起她。这是一座男人的城，王的城，不需要她来点缀。她就像城中的尘土，隐匿在王的身后，微不足道。

游一座城，不同的人看到的是不同的侧面。来看帝王的人，自然喜欢看汗宫大衙门，也喜欢看正白旗衙门。后者是当时的正白旗旗主、日后的大清国皇帝皇太极处理旗内军政事务的地方。它建在

赫图阿拉城内

汗宫大衙门东侧的高台之上，是一处青砖青瓦硬山式四合院建筑。是赫图阿拉城内仅存的一处八旗衙门。

文庙和启运书院也很值得一提。赫图阿拉城的文庙建于1615年，努尔哈赤对汉族文化的认同以及对孔子的尊崇，可能比很多人以为的时间还要早很多。启运书院是努尔哈赤子孙的私塾。在朝鲜史料《建州纪程图记》中有记载，1595年，努尔哈赤身边就有一个绍兴人，叫龚正陆，为努尔哈赤拟写汉文文书，同时教授爱新觉罗的子弟汉文知识。入主中原的雄心，努尔哈赤或许在那时候就有了。

在这篇小文的最后，我还想提一个经常被旅游者忽略的地方——西大狱。这座监牢自建成到努尔哈赤离开赫图阿拉，只关押过一个人。他就是努尔哈赤的嫡长子褚英。这又是一个令帝王的光辉蒙尘的人物。

努尔哈赤起兵之时，褚英只有4岁。由于母亲早逝，或许也缘于努尔哈赤想让这个长子得到足够的历练，褚英一直被带在父亲身边。兵营大帐、刀光剑影、血雨腥风就是他的成长环境。这造就了他既勇猛又暴烈的性格。在统一女真各部的战斗中，褚英屡立战功，甚得努尔哈赤的喜爱。29岁时，褚英授命执掌国政，成了努尔哈赤默许的继承人。但是，由于他生性残暴、心胸狭隘，得罪了额亦都、费英东等五大臣和兄弟们，遭到他们排挤，逐渐失去了权位。他不思悔改，反而焚香诅咒大臣和兄弟。努尔哈赤震怒，将他关至西大狱软禁起来。1615年，在努尔哈赤于汗宫大衙门称汗的前一年，褚英被作罪处死，时年35岁。

从此，努尔哈赤背上了杀子的恶名。

沉入水底的古战场萨尔浒

——萨尔浒风景区

　　萨尔浒风景区位于抚顺市东郊、距市中心15公里处。这里水清山秀，既有云水辉映、烟波浩渺的湖泊水乡风貌，又具层峦叠嶂、峡谷纵横的山岳景观，是一处风景优美的户外休闲旅游胜地。在满语中，萨尔浒是木橱的意思，形容树木繁茂。走在山间茂盛的绿林中，呼吸含着草香的清新空气，听鸟儿此起彼伏地自在鸣啼，很难想象出，400多年前这里曾经的战马嘶鸣、刀光剑影和炮火喧嚣。

　　明万历四十七年，后金天命四年（1619）二月，明军集结全国精锐20万和朝鲜、叶赫部等军队，号称47万大军，兵分四路，向辽东后金的都城赫图阿拉发起进攻。山海关总兵杜松一路在萨尔浒城附近与努尔哈赤率领的八旗兵主力遭遇，萨尔浒之战由此爆发。据史料记载，明军原计划是在杜松部到达萨尔浒后，与北路南下的开原总兵马林会师，形成合围之势。但马林部迟迟不见踪影，所定夹击计划失败。杜松部全军覆没。之后，努尔哈赤主动进攻，采取各个击破的策略，五天之内歼灭明军约五万人，缴获大量军用物资。明军除行动迟缓的李如柏一路败退幸存外，其余几路被后金全歼。萨尔浒之战是中国军事史上以少胜多的著名战例，也是明清兴亡史上一次转折性战役。萨尔浒战役后，明军再无剿灭后金的实力，而努尔哈赤则将都城不断西移，后金政权开始走出山林、迈向平原，

大伙房水库一隅

为清王朝的建立奠定了基础。

萨尔浒古战场如今已淹没在水底。为了解决辽宁省内多个城市的饮用水源问题，1958年，在萨尔浒区域建成了大伙房水库。它是我国第一个五年计划中的第一个大型水库，也是当时全国第二大水库。现已惠及沈阳、抚顺、辽阳、鞍山、营口、盘锦、大连七城市，可实现年供水11.66亿立方米。萨尔浒风景区的湖光山色和周边良好的生态环境，也得益于大伙房水库。

萨尔浒战场南北面曾各有一座古城——萨尔浒城和界藩城。在萨尔浒之战结束后，努尔哈赤从赫图阿拉城移驻界藩城。他在这里指挥八旗兵先取铁岭，后灭叶赫部。一年零四个月后，努尔哈赤又迁驻修整一新的萨尔浒城。此时，萨尔浒城已是后金实际意义上的都城。考古发现，萨尔浒城总面积约为100万平方米，比界藩城大了十几倍，分东、西两城，东城为外城，西城为内城。努尔哈赤坐镇萨尔浒城，指挥八旗兵大举西进，先取沈阳，后下辽阳。随即后金政权迁都辽阳。四年后的1625年，努尔哈赤定都沈阳，将沈阳改名为盛京。萨尔浒城与界藩城遗址虽被大伙房水库包围，三面环水，但因地势较高得以保存至今。萨尔浒城遗址的东城门保存较好，城墙还能找到，不过城中的建筑都已消失在历史的烟尘中。

清朝曾有四位皇帝十次东巡祭祖。康熙、乾隆、嘉庆、道光都曾亲临萨尔浒。乾隆皇帝更是写了一篇6000余字的文章，记录这次战事，后用满汉两种文字镌刻于萨尔浒之战书事碑上。文中写道："尔时草创开基，筚路蓝缕，地之里未盈数千，兵之众弗满数万。惟是父子君臣，同心合力，师直为壮，荷天之龙，用能破明二十万之众。每观实录，未尝不流涕动心，思我祖之勤劳，而念当时诸臣之宣力也……"文后刻有署款，"乾隆四十一年岁在丙申仲春月，御笔"。碑左侧面另外刻有嘉庆皇帝御笔七律诗一首，为楷书八行计

127个字，后署款"嘉庆乙丑仲秋中浣，萨尔浒咏事，御笔"。下面还刻有篆书"嘉庆御笔"印两方。该石碑立于萨尔浒城东南角的书事亭内。不过原碑已于1978年拆除，收藏于沈阳故宫博物院内。现为国家一级文物。1997年，在萨尔浒风景区的王杲山上，建了一座1∶1比例的复制石碑与碑亭。

为保护水源地，从2012年7月1日起，大伙房水库停止了垂钓、休闲、游船等一切经营活动。前往萨尔浒城、界藩城遗址，无法再乘船到达，需从水库周边的村子绕道而行。沿途颇多山路，普通游客已极少前往。被当地人称为"小青岛"的杲山景区事实上已经成了萨尔浒风景区的核心景区。

杲山景区分南北两门。从南门进入，人少一些，可以安静地欣赏美景，也能更快抵达山顶。从北门进入，景点比较多，走走停停，始终不会寂寞。

北门，也被景区管理部门定为正门。离入口不远有一棵横卧的松树，是第一处景观。它是在1995年夏季被洪水冲倒的。当时人们都以为它活不成了，但是它展示出了顽强的生命力，成为杲山景区最特别的一棵松树。它因而有了名字，被称作"磕头松"。

正门右侧是三慧寺。始建于2001年，是一处中式风格建筑群，规模宏大，古朴典雅。其后身有一座白色七层宝塔，"宝塔夕照"是杲山景区有名的美景。

沿北门向南走，沿途会经过药香园、花海、白桦林。药香园里种植了百余种辽宁本土的中草药，建有凉亭、长廊、石雕群，是一处普及中医药文化的实景园林。花海位于景区中部。这里有人工种植的中外应季花卉，花开时节，姹紫嫣红，彩蝶飞舞，美不胜收。白桦是东北特有的树种，很多年轻人是通过朴树的歌《白桦林》爱上白桦树的。而对于年长的人来说，白桦则代表着他们年轻时代所受的俄罗斯文化的影响。那些青春的岁月，他们曾吟诵叶赛宁的诗："在我的窗前，有一棵白桦，仿佛涂上银霜，披了一身雪花……"也曾哼唱一首俄罗斯民歌："为什么俄罗斯的白桦林如此喧闹？为什么白色树干的它们什么都明白？它们伫立在风中在路旁，靠在它们身上，树叶便忧伤地落下……"无论年轻人还是年长者，都喜欢在白桦林拍照。因为诗与歌，因为青春与年少，白桦在每个人的照片中都变成了一种意蕴悠长的风景。白色的桦树皮天然形成一幅幅意象山水画，人置身于桦树林中，总会情不自禁涌起无限的遐思与感慨……

继续前行，越过紫花岭，沿着景观路一直向东，会到达努尔哈赤广场。努尔哈赤跃马出征的雕像屹立在广场中央。见到的瞬间，你会从大自然的美景中重新忆起此处厚重的人文历史。往东南走，有一座大石门。这里原为中国人民解放军炮兵实弹射击靶场，大石门是靶场的哨卡，十分壮观。出了大石门，就到了呆山景区最美的地方——秋水长天楼。楼高四层，临水而建。一定要爬到楼顶，立于风中，面对烟波山水，去体会王勃"落霞与孤鹜齐飞，秋水共长天一色"的开阔境界。

离开秋水长天楼，顺着观光车的路线行至终点，会看到复建的萨尔浒书事碑亭。附近的景点还有王杲井。王杲，女真姓氏为喜塔拉，名阿突罕，明末建州右卫首领。相传为努尔哈赤的外祖父，实为讹传。他与努尔哈赤家族确实有姻亲关系，是因为他的儿子娶了努尔哈赤伯父的女儿。因王杲曾在此处驻兵，故此山被称作王杲山。

在景区的最东端，也是整个半岛的最东端，有一处被称作烟雨楼的楼阁。它几乎处在大伙房水库的中轴线上。在整个呆山景区，只有站在这里，才可以掠过几十里烟波，远眺萨尔浒古战场所在的

努尔哈赤雕像

位置。那场战争早已离我们远去，现如今，周边的人们更多地把萨尔浒景区当作一处健身休闲的好去处，当作一座大自然赐予的洗涤疲惫的山水后花园。

太极村落的民族情结

——三道河朝鲜族民俗村

去三道河朝鲜族民俗村这一天，宽甸刚刚经历了一场大雨。早晨在下露河乡的客栈吃饭时，邻桌的一个小伙子正在跟旁边的人讲，他的朋友昨晚上回沈阳，是绕道走的，有一段高速公路被雨冲坏了，也不知现在修好了没有。我虽然也有些担心，但并不急于回去，而且接下来要去的朝鲜族民俗村和满家寨都在山里，走的是山路。

盘山公路回转很多，但路况不错，沿途的景色也不错。这里地处中朝边境，在辽宁宽甸、桓仁和吉林集安三县市交界地带，时不时能看到铁丝网拉成的国境线。雨一直在淅淅沥沥地下着，没有停的意思。沿着浑江，边开车边欣赏风景。有两处观景台，可以欣赏到浑江转弯的壮丽美景，很多游人顶着小雨在拍照，兴致盎然。

抵达民俗村时大概九点，令我没想到的是竟然大门紧闭，没有营业。跟旁边一位卖米酒的大哥打听了一下，原来民俗村毗连三道河，这几天一直在下雨，河里涨水，害怕游客有危险，所以停业两天了。我有些沮丧，大哥指着前面的牌子说，那上面有电话，你可以打一下问问。接电话的是位女士。非常幸运！她告诉我，刚接到通知，今天可以营业了。

很快，我见到了电话中的女士。她姓金，30多岁，皮肤白皙，眉眼清秀，穿着水粉色的朝鲜族长裙，与我印象中文静温婉的朝鲜族姑娘一模一样。她是这里的导游，也是朝鲜族民俗博物馆的讲

三道河景区大门

解员。

　　走进民俗村，迎面是春香广场。广场中心有一座白色的雕像，展现的是春香和李梦龙互相爱慕的场景。春香站在前面，面带微笑，李梦龙隔着假山站在后面，手握一柄折扇。雕像的底座设计成一本书的样式，书脊上用汉文写着"春香传全卷　京城出版社"。广场的左首是民俗园，右边是朝鲜族民俗博物馆。对面，在春香雕像后面不远处，是奔流的三道河。河面原本并不宽，不过因为这几天雨水大，河道已经被水撑得满满的，河水流速很快，在有落差处发出巨大的轰响。

　　民俗博物馆的前面有一小块绿油油的稻田，几只木雕的白鹤半隐于蓬勃的稻苗之中。博物馆看起来不大，房子是典型的飞檐式朝鲜族建筑。进门前，小金特意叮嘱我不能拍照。我有一点惊讶，一般的博物馆都可以拍照，问她为什么。小金回答说，这里展出的东西都是私人藏品。疑惑着走进屋，我马上被看到的景象吸引了。房间只有100多平方米，没有展板，没有图片文字介绍，有的只是实物。而且藏品很多，展柜里显得很拥挤。重要的是，我发现，每一件东西都是老物件，散发出被光阴浸润过的年代感。与其说这是个博物馆，倒不如说这是个堆放私人收藏品的仓库。小金接下来的话印证了我的感觉。她向我讲起了民俗村和民俗博物馆的创办人宫润平的故事。

　　宫润平就是宽甸满族自治县下露河朝鲜族乡人，今年73岁，退休前是乡里的文化站站长。在工作的过程中，他意识到，朝鲜族优秀的民俗文化是中华民族文化中具有鲜明特色的一部分，迫切需要挖掘、整理、抢救和保护。为此，从2000年开始，他陆续走访了下露河朝鲜族乡及周边地区大部分朝鲜族人家，了解朝鲜族的传统文化习俗，收集朝鲜族的民俗物件，大到高丽碾子、箱子、柜子，小

朝鲜族民俗博物馆外景

朝鲜族特色建筑

到高丽铜碗、书籍、老照片，不知不觉藏品达到了2000多件。最初他并不想把这些东西拿出来展示，只是想保护下来。但是一些专家学者看过他的收藏后，认为很多藏品非常有价值，应该拿出来让更多人看到。后来筹建民俗村时，就建了一个博物馆。但是因为面积有限，目前博物馆里的藏品只占他收藏的十分之一左右。

居住在下露河朝鲜族乡的朝鲜族人，祖先多是清朝末年从朝鲜半岛移民过来的。宫润平收藏的物品，很多都有上百年的历史，而像书画这种便于保存的物品，年代还要更久远。我向小金询问馆藏最有价值的物品是什么，她指了指一件水桶形状的东西。除了上面开了一个口外，侧面还有一个圆形开口。我问："这是干什么用的?"小金说，这是一件军事用品，放在地上可以听到远处的马蹄声和军队的脚步声。"这么说，这东西是顺风耳啦?"小金笑了，说差不多。这是一件战国时代的物品，在韩国和朝鲜本土都不多见，所以很珍贵。另外，还有一份旧报纸。小金说是日本侵略朝鲜期间发行的一份战报，炫耀他们取得的"胜利"。这是他们侵略的罪证，有史料价值。不过报纸不在这里，没有展出。

离开博物馆，我走进了对面的民俗园。小金告诉我那里面有几间百年老房子，值得看一下。老屋是三间泥草房，左面一间是厨房，靠墙是泥灶，对面摆放了很多泡菜坛子。中间和右面的房间是两间卧室，铺着席子，席子上摆放着炕桌和木箱子。三间屋从里面连通，每个房间还单独有一扇对着院子的门。

走出民俗园，顺着河水向里面走，是民俗村的餐饮、住宿、休闲以及民俗体验区域。来之前我在网上做了功课，这一处是游客展示最多的部分，因而不感到陌生。在各种短视频中，可以看到游客在朝鲜族姑娘的帮助下，大呼小叫着将秋千荡得飞起来。还可以看到他们用力捶打制作打糕的糯米。晚上，小广场上会生起篝火，有

露天灶台

园内朝鲜族民居外景

老屋内景

精彩的朝鲜族歌舞表演，还有游客参与的篝火晚会。但此刻这里面静悄悄的，只有我一个人。一进民俗村的时候，小金就跟我表达过遗憾。因为下雨，游客很少，员工都放假了，我恐怕是什么民俗活动都体验不到了。不过我觉得，看了那么好的博物馆，已经不虚此行，而且网上也没人分享过这一部分，更算得上是惊喜。

太阳不知什么时候从云层中露出了半张脸，雨变得像丝线一般轻柔细小。我收了雨伞，向一个小园子走去。左边有一小块菜地，种着茄子、辣椒、豆角、黄瓜，右边是一个葡萄架长廊，下面种满了金色的百合，几只大蝴蝶轻扇着翅膀，掠过我的头发，落在花蕊上。我举起手机凑过去拍照，它们似乎并未受到惊扰，依然按照自己的节奏飞舞、停落。园子的深处有一家小商店。可能是见我一直在这里徘徊，里面走出来一个穿着白衣的朝鲜族男孩儿，他问我是不是在找出口，并且告诉我商店的另一扇门通向外面。我还不打算离开，跟他道了谢，又折向河边。

水流依然湍急，波声依然响亮。雨点忽然大了起来，我躲到草亭下。草亭比雨伞大不了多少，沿着河有七八个，应该是为钓鱼者遮阳避雨搭建的。喝茶有更好的去处。离河更远一些的地方有一个红色的回廊亭，里面设置了一排小方桌，可以坐在那里喝茶、下棋、观水、听雨。

三道河朝鲜族民俗村的地址是宫润平通过调研精心挑选出来的。三道河是一个太极图形的小山村，山环水绕、风光秀丽，处在国内外游客前往桓仁五女山山城和集安高句丽王城两处世界文化遗产的交通要道上。春天金达莱开满山岗，金秋时节稻谷飘香，枫叶漫山红遍。这里的居民都是朝鲜族。他们沿河而居，门前是碧绿的稻田，屋后是潺潺的流水。这里民风淳朴，路不拾遗、夜不闭户，是中国朝鲜族传统文化和民俗风情保留完整的村落。

回廊亭

河边凉亭

朝鲜族民居

2011年，宽甸满族自治县政府为民俗村和博物馆举办了隆重的落成典礼仪式，宫润平多年的不懈努力终于有了结果。三道河朝鲜族民俗村和朝鲜族民俗博物馆，作为辽宁省唯一的朝鲜族文化遗产保护基地，已得到了政府的重视，也引起了很多中外专家学者及游客的关注。

满族非物质文化遗产的呈现之地

——青山沟满家寨

当我在309省道上看到写着"满家寨"的仿古牌楼时，以为很快就到了。而事实上，我的车又行驶了七八分钟，同样的牌楼又经过了三个，直到过了一座桥，才抵达了手机导航标注为"中华满族风情园"的目的地。这种隆重的宣传气势，在我接下来的路程中依然延续着。从此处到我订的客栈还有五公里多的车程，中间经过青山沟镇。一路上，所有的路灯杆都被设计成了仿古风格的宣传板，大红色，像旗帜般成对地从我面前飘过。宣传文字简洁明了：飞瀑涧、青山湖、虎塘沟、满家寨、雅河漂流、八旗山水谣。还未走出镇子，我已对宽甸满族自治县青山沟景区的旅游项目了如指掌。

青山沟镇颇为繁华，街两边店铺林立，民宿、农家院、烧烤店、山货特产店，接连映入眼帘。不时看到外地牌照的车，天津的、河北的、吉林的，内蒙古的，还有四川的。8月，学生都放了暑假，正是全家一起出游的时节。今天又赶上周末，省内的游客也多。镇子笼罩在一派浓浓的烟火气中。

我在网上订的客栈依雅河水而建，抬眼望去，满目青山。与热闹的镇子相比，这里安静、灵秀。老板娘非常热情。此前我们已经在微信上联系过，我还托她帮我预订了《八旗山水谣》的演出票。

简单吃了点农家午餐，我重新返回满家寨。因为刚刚下过雨，远处的青山被烟雾笼罩着，宛如仙境。车子驶过青山沟镇时，你会产生一种奇异的感受，一边是烟雾缭绕的超凡胜境，一边是车水马龙的烟火人间。这就是宽甸满族人世代居住的神奇之地。

买票进入满家寨，里面的建筑古朴典雅，有土楼、木阁楼，还有经典的满族平房和三合院。高大的树木上挂着成串的红灯笼，可以想象，到了夜晚，这里会是另一番辉煌的景致。大门右首有一面文字墙，是用女真象形文字写的一首诗，旁边有汉文的翻译。诗中写道："在遥远的大山面前，住着一位美丽的姑娘，我骑着彪悍的骏

跑灯阵

福禄寿财皆藏城内

风情园内仿古建筑

中华满族风情园入口

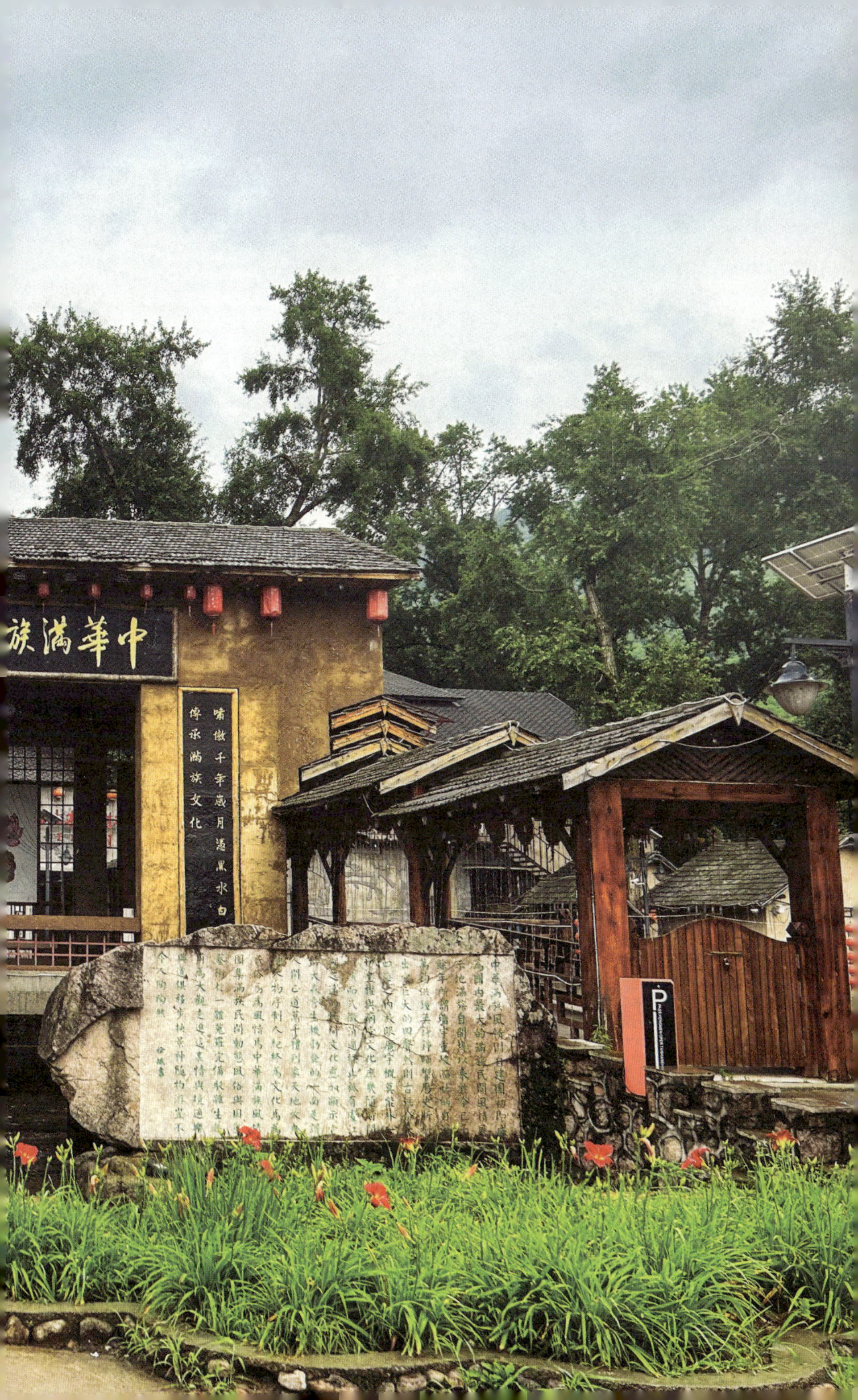
中華滿族
嘯傲千年歲月憑黑水白
傳承滿族文化

马，三次向她求爱，都被她拒绝了。我很忧伤……"诗很长，详细讲述了每一次被姑娘拒绝的过程，但最后一段，诗人还是表达了想跟姑娘永远在一起的愿望。看来，写诗的是一位骑着彪悍骏马的痴情男人。

再往前走，看到了一条可爱的小土狗，它安静地蹲在那里，有点好奇地看着我。我招手让它过来，它淡定地蹲着，没有任何表示。满族人爱狗，不食狗肉。传说是因为狗救过老罕王努尔哈赤的命。满族人也爱乌鸦，原因也是它救过老罕王。我抬头四处寻找，果然看到了索伦杆。那是满族人在居所前立的一种木杆，顶端固定住一个敞口的木盒子，里面装上米，用来喂食过往的乌鸦。没走多远，又看到一只白色的少年狗，趴在道边阴凉处，显得很悠闲。见到我走过，不叫也不躲，一副见过世面的样子。

一位工作人员可能见我走得毫无章法，走过来告诉我，满家寨是目前国内最大的满族风情园，也是国内唯一集中展示满族非物质文化遗产的文化旅游景区。他指了一下挂在树上的指示牌，这个院子是民俗园，有很多房间可以观看满族的非遗表演，你在别处不容易看到，可不能错过了。我道了谢，正犹豫着先进哪个房间，一段二人转旋律从不远处传来，我赶紧奔了过去。一支老年旅行团正兴致勃勃地听一对40多岁的艺人演唱《小拜年》，我也找了个座位坐下。他们唱得很有味道，只是还没听尽兴就结束了。

接下来，我混在老年旅行团的队伍里，又听了东北大鼓，看了一段皮影戏表演。其实，即便是一个游客，他们也会表演的。但我总觉得，一群人热切的眼神和热烈的掌声中的表演，总归会更有激情吧。

老年旅行团的时间显然没有我充裕，从皮影馆出来，他们就被导游拉到三合院去了。于是我独自观看了一个陌生的表演——烧旗

满族传统民居和摇篮

游客体验满族民俗

香。两位老者，一个少年，手持太平鼓，在一个摆着假猪头的祭祀台前，边说边唱边舞，表演持续了两分多钟。从房间里出来后，我在手机上搜索了一下相关资料，了解到烧旗香是满族祭祀歌舞的一种。民间烧香大体分两种，即烧太平香和还愿香。祭祀规模大小不等，一户一姓祭祀通常进行三天三夜，同姓氏全家族共办的祭祀长达七天七夜，其中含有满族各种生活习俗的艺术再现。烧香祭祀必须以载歌载舞的形式完成规定的程序，即"排神""请神""送神""放神"，具有浓郁的满族民间特色。

烧旗香馆的对面是一座建在高台上的关帝庙，两边建了迷宫游戏——跑灯阵。迷宫很大，但是没有人玩。想玩的人差不多都在隔壁院子里骑马。继续参观了有些空荡的图腾馆、藏品不多的民俗博物馆，之后，我走进了一个摆满工艺品的房间。

墙上挂着的几幅刺绣吸引了我。它的花朵是用丝带和绸带绣成的。花瓣显得特别逼真。我以前从未见过这种绣法。见我看得认真，一个头发略长的中年男人走了过来，向我介绍说，这些都是工艺美术大师李老师的作品，刺绣技法是申请了国家专利的。"这种刺绣跟满族有什么关系吗？"我问。他的手指向屋子尽头，一个梳着盘发的中年女人正坐在桌前画画。那就是李老师。你要是喜欢哪个作品，李老师可以给你做详细介绍。这时候又进来几个游客，中年男人把我介绍给李老师，就去招呼其他人了。李老师说，她刚刚从某大学退休，满家寨的经营负责人与她是朋友，说服她在这里建了个工作室，顺便把她的作品给游客展示一下。我跟她问起了刺绣，她说，灵感确实来自满绣。我问："卖吗？"她说："当然。不过买的人不多。游客宁可把钱花在骑马上，他们觉得那样更值。"说完，她若无其事地笑了。我在屋里转了一圈，最终选了一套满族传统纹样的布艺首饰，还有一个灵感来自八旗盔甲的鱼形挂饰。她似乎很高兴，

传统典艺表演

省级非物质文化遗产
宽甸八河川皮影戏
辽宁省人民政府
二〇〇七年六月七日

皮影戏表演

耐心地给我演示项链如何佩戴，并且告诉我，这些都是她亲手做的，在别处绝对买不到。鱼形挂饰申请了专利。她找到专利证书，让我拍了照片。她说话始终不紧不慢，身上有一股不卑不亢的劲儿。其实我也很想买一幅刺绣，但她要的价格有点高，并且没有一点降价的意思。不过，我还是很喜欢她。

傍晚时分又下起了雨。开车到达剧院门口时，已经没有停车位了。将车停出去很远，冒着雨，一路狂奔至剧院，找到座位后，屁股刚刚坐稳，演出的钟声就敲响了。

虽然来之前在网上看了很多推荐的视频，但真正置身于《八旗山水谣》的演出现场时，还是有点震撼。满族文化特色和原生态表演风格是它的两大亮点。舞台上有流水，有雪花，有真的战马、真的牛羊，有我童年时见过的大鞭子，甩出鞭炮般的脆响。演出的宣传单上是这样介绍的："《八旗山水谣》填补了东北景区没有大型歌舞表演的空白，满族歌舞、民俗表演在全国独树一帜，已成为东北地区地标性演出项目。"评价并不为过。

令我印象最深的节目是"清音子弟书"表演。18世纪中期，八旗子弟创作了一种新的鼓词，只有唱词，没有说白，配合鼓板、三弦演唱，称为"清音子弟书"。在北京、沈阳等地流传很广，为市民阶层所喜爱。满族女作家叶广芩在她的小说《状元媒》中，对清音子弟书有比较细致的描写，但我在读小说时，也只能看到唱词，无法想象它的曲调。我曾以为今生都无缘感知它的全貌，没想到在《八旗山水谣》的舞台上听到了它优美的旋律。对我来说，这真的是很意外，也很惊喜。

演出结束后，演员们引导观众重新进入满家寨。广场上生起了篝火，屋檐上、草地上、树木上亮起了彩灯。在音乐的伴衬下，演员们带领观众一起翩翩起舞。一场狂欢拉开了帷幕……

《八旗山水谣》舞台表演

《八旗山水谣》舞台表演

《八旗山水谣》舞台表演

德力格尔草原的前世今生

——德力格尔草原

1644年，爱新觉罗·福临在紫禁城太和门登基，成为清王朝入关后的第一位皇帝。他的母亲孝庄文皇后远在蒙古科尔沁部的娘家人感到无比荣耀。这些蒙古王公、贝勒们为了表达忠诚和欢乐的心情，为这位年仅6岁的小皇帝献上了10000头牛和5000只羊。为了安置这些牛羊，清政府在现今的阜新市彰武县境内建了一座皇家养息牧场，名为苏鲁克牧场。随后，又从察哈尔蒙古八旗调遣32户牧民计236人，来到牧场放牧这些牛羊。从此，这片坐落在科尔沁南部的水草丰美的草原有了人烟。在这32户牧民中，有一对德力格尔兄弟，他们选择在柳河岸边放牧和居住。他们的后代在此繁衍生息，形成了大德阁和小德阁两个村落。而这片牧场的腹地，也在若干年后被人们称为德力格尔草原。

如今的德力格尔草原是一处占地4000亩的草原、湿地原生态风景区，坐落在阜新市彰武县大德镇。每年的七八月份是它最美的时节，像一位青春逼人的盛装女子，显示着无处不在的活力与勃勃生机。与呼伦贝尔大草原不同，这里不光有辽阔的草原、洁白的毡房和自由漫步的牛羊，还有山，有森林、湿地、湖泊、沙地，有稻田、花海以及精心打造的人文景观。她因而显现出辽宁草原的独特魅力，更妖娆多姿，更富有风情。

在德力格尔草原风景区内，处处展现着人与自然和谐共处的画面。蜿蜒的木栈道、挂满彩色经幡的敖包、缓慢旋转的白色发电风车，还有音箱里流淌出来的蒙古长调、马头琴音乐，都完美地融入蓝天白云、湖泊、草木的景致之中，甚至这里的风，都飘着草的香、花的香，还有人们恣意欢笑的香……

德力格尔的原住民没有辜负这片草原，他们爱惜她，小心地安放精致的景观。他们在开满野花的青草坡上，复制了电影《霍比特人》中充满奇幻色彩的地洞木屋。还在它的旁边打造了一个从童话故事中走出来的回望沙园广场。《回望沙原》是彰武籍儿童文学作家常星儿的短篇小说集。里面提到的几处主人公经历的地点，都在这个广场上真实呈现了出来。雅丹地貌的沙丘、丰碑造型的沙门、欧式田园风格的白鹭别墅、吊在树上的黑泥小屋、尖顶的金色屋脊，一下子把人们带到了童话的世界。就连景区内的民宿也精心设计过，既有造型时尚的集装箱景观房，也有古朴、富有情趣的小木屋。

德力格尔草原的夜色也有别样的风情。马场的骏马停止了脚步，沙地的摩托熄了油门，房车营地亮起了床头的灯光，动物园里的动物也隐匿在夜色的安静中……此刻的热闹属于蒙古大营。篝火点了起来，马头琴弹了起来，蒙古舞跳了起来，烤全羊端了上来，哈达戴到了胸前，美酒和奶茶斟满了杯子，欢声和笑语弥散在夜空……如果你不喜欢热闹，想独享一片夜晚的安宁，那么你可以离开这里，去黑山的山顶，俯瞰彰武城的阑珊灯火，或者抬起头，看近在咫尺的星星，那种清晰的星辉，绝对是你在别处领略不到的；你也可以漫步德力格尔湖边，听起伏于湖侧湿地上的鸟鸣；如果你喜爱乡村的野趣，还可以去稻田走走，那里连成一片的蛙声，定会勾起你许多儿时的记忆……

是的，德力格尔草原就是这么斑斓多姿，让你的记忆因她而丰富多彩。

玛尼堆

草原放牧

然而你可能不知道，这一切并不是在原来那片皇家牧场上打造出来的，而是建造在一片沙海之上。

　　清末，东北禁地开放之后，大量关外流民涌入。为了生存，他们将草原改为耕地，这导致土地迅速沙化。至新中国成立前，彰武县土地沙化面积达524万亩，占全县总面积的96％，森林面积不足18万亩，北部沙区乡镇平均沙层厚度超百米，是辽宁省最大的风沙区、国家一级生态敏感带，更是辽宁省主要的沙尘发源地。这里风沙肆虐，按当地村民的说法，是"风卷着沙子，走对面都看不清人。刮一宿风，门被沙子堵得推不开，只能从窗户跳出去"。政府工作组考察后，认为很多村庄已不适合居住，建议村民整体搬迁。可是留恋故园的彰武人没有向自然屈服，他们决定与风沙搏斗。

　　1952年，新中国第一个固沙造林研究所在彰武县章古台镇挂牌，揭开了科学治沙的帷幕。从此，几代彰武人手持铁锹走上了漫漫治沙路，用实际行动铸就了"矢志不移、永不退缩、默默无闻、甘于奉献"的治沙精神，成为彰武科学治沙的强大精神动力和红色基因。经过不懈的努力，彰武县摸索出了樟子松治沙造林的成功经验，并推广至全国。70余年间，8500名林业人才从彰武出发，向全国14个省（区）传播固沙造林技术，带动"三北"地区固沙造林达百万公顷。如今，在去往德力格尔景区的路上，你会看到大片的樟子松森林，它们就像一群守护绿地的卫士。在绿草茵茵的德力格尔景区内，还保留了一块沙地，一把高19.52米的铁锹造型雕塑耸立在沙丘之上，向后世的人们诉说着这段壮丽的历史。

　　正因如此，德力格尔草原有了另一个广为人知的名字——漠上草原。

　　当然，见证着这段历史的，还有景区内那棵著名的元宝枫树王。它有1560多岁了，从北魏太武帝拓跋焘大破柔然的时代，就屹立在

草原上的蒙古包

这里，目睹着这片土地的战争与和平，从满目疮痍到安居乐业……

从历史深处走来的德力格尔草原，重新变得年轻、健硕，她正张开宽大的臂膀欢迎你。正如那首为她写的歌中唱的，"把幸福给你，把吉祥给你，我在德力格尔草原等你"！

庄园背后的蒙古贞文化

——蒙古贞庄园

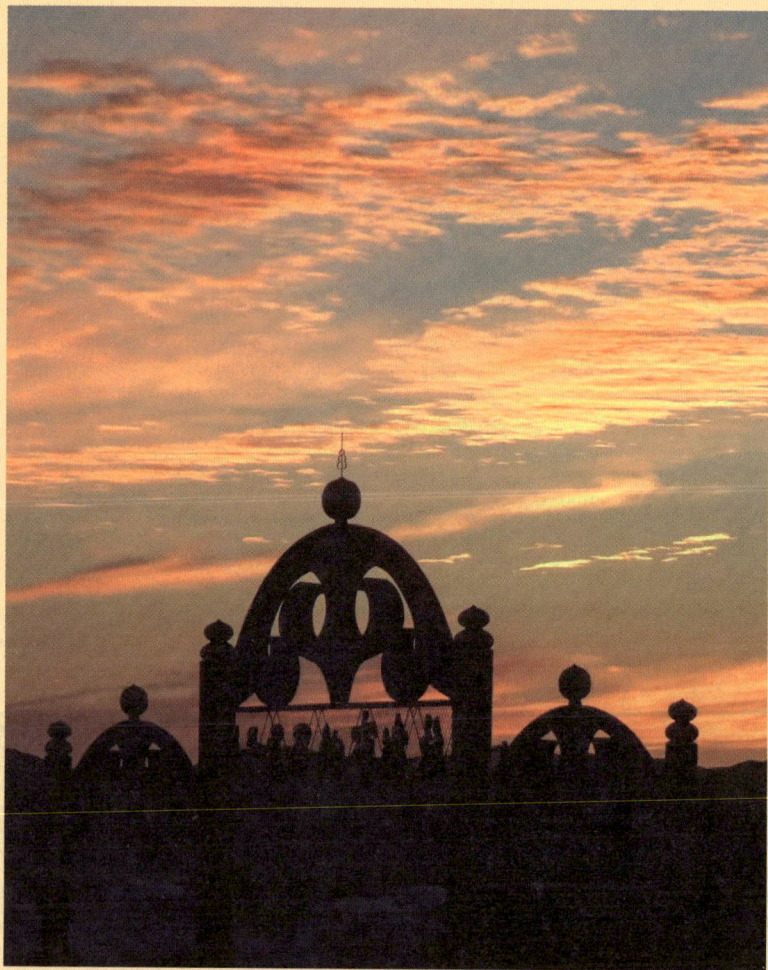

走在阜新蒙古族自治县的大街上，你会频繁地看到"蒙古贞"这个词。比如蒙古贞广场、蒙古贞体育馆、蒙古贞中学、蒙古贞宾馆、蒙古贞文化中心……作为一个外地人，对蒙古族历史的了解大部分可能仅限于课本，而来此的目的是到蒙古贞庄园度个假。来之前，本以为蒙古贞只是随便为度假村取的名字，而现在，我已经迷失在这三个字里了。在困惑了一阵之后，我敢肯定，此次旅行是从探寻这三个字的含义与出处开始的。

　　位于蒙古贞大街上的蒙古贞文化博物馆会解开人们心中的谜团。

　　蒙古贞大街是一条民族风情商业街。它非常新，柏油路是新铺的，两旁的建筑有着统一的设计，白墙上画着蓝色的花纹，圆屋顶涂成金色，再加上拱形的门，很容易让人联想到穹顶蒙古大帐。

　　街市最美最热闹的时刻自然是在晚上。华灯初上，霓虹闪烁，蒙古贞大街商贩云集，人声鼎沸。穿梭在人群中，会闻到烤羊肉的香、煮奶茶的香、马奶酒的香，还有闻名全国的那些外省小吃的香。阜新特产玛瑙做成的饰品和工艺品，琳琅满目，花样百出的奶制品、牛羊肉制品，眼花缭乱，还有令人感到惊奇的在别处绝对看不到的各色蒙药。身着民族服饰的蒙古族姑娘、小伙子在身边穿行，偶尔会飘过来几句舌头打着卷的蒙古语。这份异族风情令我的心中产生了陌生感，这陌生感让人隐隐感到兴奋。幸运的话，在街的尽头，成吉思汗广场上，人们还会看到蒙古族歌舞表演，或者展示当地风光的摄影展。看完这些，可以继续向广场南面走。一条玉带般静静流淌的河出现在面前。风从河面上轻轻拂过来，使人瞬间忘记身后的喧嚣，也会从一段沉浸式的行走中回过神来，恍然忆起自己旅人的身份……

　　与蒙古贞大街一样，蒙古贞文化博物馆是阜新蒙古族自治县的一处新地标，2022年1月才挂牌开放。虽然开馆时间短，但博物馆

新建蒙古包

的创办人海春生在当地的名气却很大。作为蒙古贞人的后裔，他用了20多年的时间，从旧货市场到偏远村屯，足迹遍布省内外，搜集到了万余件蒙古族民俗、宗教、医药等多品类文物、古籍，其中不乏珍品。

2015年，辽宁省蒙医医院新楼落成，在这座蒙古族风格浓郁的新楼内，设置了一座蒙医药文化博物馆，让人们眼前一亮。展厅内，1300余件蒙医药古籍文献、医疗器械、医学唐卡、医药标本等藏品，全都来自海春生的个人收藏。

2016年，阜新市政协成立文史馆，集民族古籍征集、收藏、展示、研究、交流等功能于一身。海春生又将自己收藏的民族古籍文献拿出来展出，其中以蒙古文、藏文、满文古籍为主，另有锡伯文、彝文、巴利文、汉文等古籍，涉及文学、历史、宗教、医药等多个领域。凭借这些宝贝，该馆一跃为国内收藏民族古籍数量居前的展馆，专家学者纷至沓来。

蒙古贞文化博物馆更是凝结着海春生的心血。博物馆总面积为1100平方米，展出蒙古贞民族文物、文献2000余件，设立了"农耕部落""魅力服饰""文献瑰宝""神奇蒙医""佛教遗珍""团结交融"六个板块，多角度呈现了蒙古贞文化的历史和特色，堪称一枚解锁蒙古贞民族文化的钥匙。

"蒙古贞"一词最早出现在清代，是"蒙郭勒津"的译音。蒙郭勒津是蒙古各部落中一个历史悠久、人数众多的部落，早期驻牧于内蒙古河套地区，到明万历年间，迁徙到宣府边外。后来，察哈尔部落在林丹汗时期逐渐强盛，东征努尔哈赤，西讨蒙古各部，蒙古贞部落同土默特部落的一部分人为躲避战乱，于17世纪20年代东迁到了现今辽宁省朝阳、阜新地区定居。其中蒙郭勒津部主要分布在阜新地区。1958年，国家在蒙郭勒津部聚居之地成立了阜新蒙古族自治县。所以，蒙古贞其实就是阜新蒙古族自治县的别称。

蒙古贞人与蒙古族其他部落最大的不同之处在于，从明末清初开始，这支部落就从游牧文明演变成了农耕文明，被称作"有墙部落"的蒙古人。而他们的这种转变，不是因为与汉族人混居，进而被同化的结果，而是东迁之后的自主选择。蒙古贞人在阜新这块土地上生活到清朝雍正年间，才陆陆续续有汉族人搬迁到这里居住。

在蒙古贞文化博物馆里，可以看到很多蒙古族人使用过的老物件。像打狼的木质猎具、石头的或金属的农具、各种炊具、皮囊壶和奶茶桶等饮食用具，还有蒙古族娱乐用品，比如马头琴、蒙古文歌词本、嘎拉哈以及在别处不容易见到的蒙古象棋。制作蒙药的工具也是难得一见的展品，有制作药丸的模具、草药碾槽，还有柔软的鹿皮药包。

离开蒙古贞文化博物馆，驱车半小时左右便可抵达位于王府镇烟台营子村的蒙古贞庄园。

此刻，面对旌旗招展的大门内一整面墙上的蒙古贞人东迁的浮雕，便不会再感到陌生了。在蒙古包林立的景区内看到东北四合院，也不会觉得疑惑了。因为在来到这里之前，我已经了解了这个部落。

蒙古贞庄园总占地面积1500亩，是一处富有特色的休闲度假型旅游景区。漫步在庄园内，能感受到无处不在的蒙古风情。巨大的马车轮子被做成了雕塑，象征着蒙古贞部落跋山涉水的部族东迁。草地上的牛羊雕塑栩栩如生，引得人们纷纷上前抚摸、拍照。金顶、蓝顶的蒙古包造型极为经典，与它们相比，很多城市度假村里的蒙古包只能算作简易帐篷。景区内建有马场和箭场，感兴趣的话，可以一试身手，体会"骏发跨名驹，雕弓控鸣弦"的古诗意境。

敖包文化园是景区内最受欢迎的景点，敖包采用了一大十二小的标准建制，有锥形、柱形、塔形，多为石头垒砌而成。大敖包的

草原一景

田原牧歌

周围立有玛尼杆，上面悬挂着彩色的经幡，在蓝天的映衬下无比绚丽。不时有人过来拍照。蒙古贞庄园每年都会举行敖包文化节，既是商贸、娱乐活动，也会在敖包文化园举行祭祀仪式，祈祷新的一年风调雨顺、吉祥平安。

除了体验蒙古风情，生态采摘是到过蒙古贞庄园的人最津津乐道的休闲项目。采用绿色种植模式的水果品种丰富、味道纯正，有苹果、葡萄、李子、草莓，还有本地盛产的甜枣。夏秋两季，瓜果飘香，常常让游客流连忘返。

最后要提一下蒙古贞庄园的蒙古餐，品尝过的人都觉得十分正宗。这首先是源于它的原料纯良。牛羊肉均来自内蒙古自治区锡林郭勒盟。其次是蒙古贞庄园的厨师也来自蒙古草原，烤制方式用的是最原始的焖炉烤制。如果你来到蒙古贞庄园，一定要尝尝这里的烤羊肉，否则这次旅行便不圆满。

端木与萧红，两块展板

——端木蕻良纪念馆

端木蕻良纪念馆设置在铁岭市昌图县图书馆内，旁边是景色秀丽的北山公园。从昌图高铁西站出来，打车不足十分钟就到了。跟出租车司机提起端木蕻良，他并不了解这位已被写入中国现代文学史的家乡名人。

在电影《黄金时代》中，端木蕻良是朱亚文扮演的，这可能是朱亚文演过的最文弱的角色。作为著名女作家萧红的最后一任丈夫，陪伴她走到生命终点的男人，端木蕻良的名字注定会在人们谈论萧红的时候被不断提起。而事实上，他在文学上的成就，并不逊色于20世纪30年代"东北作家群"中的任何一位。

1912年9月25日，端木蕻良出生在辽宁昌图一户曹姓满族富裕家庭，本名曹汉文。端木蕻良是他在杂志发表短篇小说《鹭鸶湖的忧郁》时取的笔名。由于当时特定的历史环境，为避免遭到迫害，曹汉文决定给自己取一个"既不被人猜疑，又让人难以模仿"的名字。于是，用了"端木"这个复姓，又把家乡的标志东北红高粱中的"红粱"移作名字，成了"端木红粱"。可是，身处白色恐怖之中，公开使用"红"字，很容易招来嫌疑，所以，将"红"字改为"蕻"。"蕻粱"二字组合看起来不理想，就又把"粱"改作了"良"。"端木蕻良"这个笔名就这样诞生了。

1928年，端木蕻良入天津南开中学读书。九一八事变后，因组

147

端木蕻良代表作《科尔沁旗草原》

织"抗日救国团"，被学校除名。1932年，他考入清华大学历史系，同年加入左联，并发表了小说《母亲》。1933年，端木蕻良开始创作长篇小说《科尔沁旗草原》，于1935年完成。这部作品成为"东北作家群"的重要作品之一。从1936年至1938年，他在上海和武汉等地从事抗战文学活动，创作亦走向成熟与多产，奠定了他在中国现代文坛的地位。1940年，端木蕻良与萧红到香港。新中国成立前夕，端木蕻良回到北京。1980年，他当选为北京市作家协会副主席。1996年10月5日，因病于北京逝世，享年84岁。他的主要作品有长、中篇小说《科尔沁旗草原》《大地的海》《江南风景》《大江》，散文《土地的誓言》，短篇小说集《憎恨》《风陵渡》，童话《星星记》，京剧《戚继光斩子》《除三害》，评剧《罗汉钱》《梁山伯与祝英台》及长篇历史小说《曹雪芹》等。端木蕻良与萧军、萧红、舒群、骆宾基等组成的"东北作家群"，以浓郁的眷恋乡土的爱国主义情绪和粗犷的东北地域风格，为中国现代文坛所瞩目，是左翼作家的重要代表。

进到图书馆，有指示牌显示端木蕻良纪念馆在三楼。

它比我想象中要小，大概百十平方米，隔成了三部分。中间部分是文字图片展厅，一面墙上用展板介绍了端木蕻良的一生。浏览下来，我发现与萧红有关的内容有两个展板，文字只有两段。一段是："1938年6月，在武汉与著名女作家萧红结婚。此后，在武汉、重庆等地创作了《大江》《新都花絮》《螺蛳谷》《风陵渡》等抗战小说，发表《论鲁迅》等文论。在西安期间，经丁玲提议，与萧红、塞克、聂绀弩等共同创作抗日题材话剧《突击》并在西安公演，引起轰动。丁玲、端木、萧红等受到周恩来等中共领导人接见。"配图是《憎恨》的书影和端木与萧红两人满面笑容的合影。另一段是："1940年初，与萧红到香港，担任文协香港分会理事，主编《大时

端木蕻良纪念馆展厅

代文学丛书》。1941年创办香港文协刊物《时代文学》。在港期间发表了《科尔沁前史》《江南风景》《柳条边外》《大时代》等小说和关于人权民主政治的政论文章。1942年1月萧红病逝，端木蕻良于2月辗转到了桂林。"配图为《大江》和《科尔沁前史》的书影以及一张与塞克、田间、丁玲、萧红、聂绀弩的合影。与世人对这段感情关注的程度相比，这几行文字显然不算多。

在后面的展板中，我看到了多张端木蕻良与第二任妻子钟耀群的合影。钟耀群是一位话剧表演艺术家，在照顾端木蕻良生活的同时，还与他合著了小说《曹雪芹》中卷。喜欢萧红的人可能对她兴趣不大，但依我有限的了解，这也是个不寻常的女子。

萧红去世18年后，端木蕻良才续娶钟耀群为妻，由此可见他对萧红的感情还是很深的。他不仅一直保存着萧红的一缕头发，还经常写诗悼念萧红。这些诗不是为了发表，只是想抒发心底里对萧红的思念。"文革"以后，端木蕻良几乎年年都去广州银河公墓为萧红扫墓，有时自己去，有时由钟耀群陪同前往。1987年，端木与钟耀群在萧红墓前祭上了一首词，题为《风入松·为萧红扫墓》，里面写道："生死相隔不相忘，落月满屋梁，梅边柳畔，呼兰河也是潇湘，洗去千年旧点，墨镂斑竹新篁……天涯海角非远，银河夜夜相望。"1996年，端木蕻良去世前留下遗愿，把他的部分骨灰撒到香港圣士提反女校后山——萧红另一半骨灰的埋葬地。1997年5月，钟耀群来到香港，完成了端木的夙愿。端木蕻良的这些行为，不是所有的后任妻子都能理解和坦然面对的。端木蕻良生前还有一个愿望，想写一本他和萧红情感生活的书，以澄清一些后世人对他的猜疑和误解，但作品没来得及动笔他就去世了。这个愿望钟耀群也帮他完成了。1998年，钟耀群创作的传记《端木与萧红》出版了。作品从端木的视角，讲述了他初识萧军、萧红到萧红去世这段历史中，三人

端木蕻良部分手稿

的情感纠葛以及创作状况。对深爱着端木的钟耀群来说，写这样一本书，内心是需要经历一番挣扎的。所以我觉得，钟耀群是个大气的女子。

展厅另一面墙上，悬挂着几幅端木蕻良的字画，下面的玻璃柜里是各种证书，有作品获奖的证书，也有五花八门的聘书。房间中央的一排玻璃柜中展出的是端木蕻良的创作手稿，基本都是复印件。

展厅右侧隔出了一间书房。月亮门上方有端木蕻良手书的"六米斋"匾额。"六米斋"最初是端木的朋友们开玩笑的叫法，原因是书房太小，过于局促，不足六平方米。后来，端木干脆就将自己的书房称作"六米斋"。据讲解员介绍，书桌、床、椅子、书柜都是端木蕻良晚年用过的物品。

纪念馆的最后一部分在展厅的左侧，由一座端木的半身铜像和一张他的大幅黑白照片组成，都是他晚年的模样，脸上挂着慈祥的笑容。

在电影中，有一个片段特别令我难忘。新婚典礼上，肚子里怀着萧军孩子的萧红平静地说："我对端木蕻良没有什么过高的希求，我只想过正常的老百姓式的夫妻生活。没有争吵，没有打闹，没有不忠，没有讥笑，有的只是互相谅解、爱护、体贴。我深深感到，像我眼前这种情况的人，还要什么名分，可端木却做了牺牲，就这一点我就感到十分满足了。"端木听到这番话，转过身，伏在萧红的肩上，哭了。那一年，他26岁。

端木蕻良纪念馆内雕塑

去白音爱里看海青平房

——白音爱里村

　　喀左，全名喀喇沁左翼蒙古族自治县，隶属于辽宁省朝阳市。很多辽宁省外的人第一次听到喀左的名字，是在京沈高铁的列车上。能够成为极少数的经停站，喀左无疑是幸运的。

　　从高铁站到达县城还有一段距离，不过好在有一条公交线路叫"高铁快线"，还算方便。我此行的目的地是白音爱里村。到宾馆的时候已近黄昏，决定第二天一早前往。

　　办理入住的时候，跟小服务员打听，晚上有没有什么好吃好玩的地方。小姑娘想也没想，就向我推荐了利州古城。说离这儿不远，打个车，不用十分钟就到了。

　　来之前，我在网上查阅了喀左的历史风物。从辽代至元朝，这里确实有300多年时间被称作利州。在这300多年里，统治这里的民族依次为契丹、女真和蒙古。那是一个战争频繁的年代，也是一个民族、部族迁徙频繁的年代，自然也是民族融合空前活跃的年代。喀喇沁左翼蒙古族，最初的生活方式是在森林中狩猎，因而被称作"森林中的百姓"。在数百年的发展历程中，他们的居住地由北向东、向南经过几度迁徙，在清朝初年才在现在这片土地上定居下来。在这一过程中，他们同鞑靼、瓦剌、土默特、察哈尔、喀喇沁等其他蒙古族各部进行了内部融合，又经过与满、汉等其他民族进行各种密切接触和交流，最终形成了如今的喀喇沁左翼蒙古族。

喀左街景

古城夜景

古利州城是公元998年由辽国萧太后所建，隶属中京道。如今的利州古城是一座复建的新城，坐落在大凌河畔。严格讲，这是一个风景区。还未到城门口，人流就变得拥挤起来。我在路边下了车，抬头看见雄健的城门楼，已是灯火辉煌。

与很多新建的古城景区一样，利州古城的主体也是一条仿古商业街。成排的红灯笼遮住了深蓝的夜幕，两边的商铺鳞次栉比。正值仲夏，店铺门口的桌位都挤满了食客。仔细看了一下各种餐饮店铺的招牌，发现与东北其他地方的景区也没什么两样。在我的朋友中，有好几个人向我推荐过喀左的羊汤。说话时的神情提笔时仍历历在目，一副"此生不喝，实为憾事"的模样。可我从街头寻到街尾，竟然一家羊汤馆都没看见。烤鱿鱼的摊位倒是遇到六七家。

走至河边，是另一番景致。有亭台，有回廊，还有几座形态婀娜的拱桥。灯光将它们倒映在水中，构成了一幅幅光影模糊的写意画卷。河中有游船，桥上的回廊里坐满了人。他们互相遥望，成为彼此眼中的风景。

我在河边坐了一会儿，喝了一杯冰茶，凉爽、适意，但有些遗憾。眼前的风景虽美，在别处也可以看到。300多年的利州城史，好几个民族生活过的地方，我希望能在这里看到一些痕迹。好在很快我就看到一张展板。里面介绍了利州古城接下来要建设的项目。包括紫陶大师创业产业园、"非遗"百工坊、王爷府以及博物馆群落。这确实令人期待。说到底，古城之所以吸引人，不是因为那些崭新的仿古建筑，而是因为那里的人文历史。

为了补偿没有喝到羊汤的遗憾，回到宾馆后，我在旁边的一家烧烤店点了十个烤羊肉串。只吃了一口，就禁不住在心里赞叹，喀左的羊肉果然名不虚传。

第二天一早，我退了房，背上双肩背包，准备去白音爱里村。

蒙古族特色民居海青平房

利州城里的仿古桥

古城晚眺

原来有一班公交线路，是专门到白音爱里村的。到了喀左一打听，已经取消了。看来今天又要和出租车司机打交道了。

上了车，果然还是不打表。有了前面几次县城打车的经历，这次我也懒得讲价了，司机说多少是多少。但喀左的这位司机要的价，是我几次出行里性价比最高的。我对他的印象一下子好了起来。于是跟他谈好包车，在白音爱里村转完了，再把我送回县城。他也显得很高兴。

"白音爱里"在蒙古语中是"富裕"的意思。白音爱里村就是富裕的村庄。这是一个历史悠久、蒙古族文化底蕴深厚的村落。全村蒙古族人口占88%。是我国首批少数民族特色村寨之一，也是国家级非物质文化遗产——喀左东蒙民间故事的传承基地。

喀左县曾极力想把白音爱里村打造成一个民族民俗旅游村，为此还专门从县城开通了一条公交线路，终点就设在白音爱里村。但到这里来的游客，显然没有去利州古城的多。慢慢地，白音爱里村也就恢复了往日的宁静。

我来白音爱里村的目的非常简单——看海青平房。

喀喇沁左翼蒙古族居住的房屋，随着历史的变迁、生活方式的改变，几百年来不停地演变着样式。其中，海青平房是最具特色的一种。

在森林中狩猎的时期，喀左的先民居住的房子叫撮罗子。东北的很多少数民族都曾在渔猎时期住过这种房子。它的样子看起来就像一个尖顶的帐篷，用又长又直的树干搭建骨架，外部覆盖上树皮或兽皮。顶端并不密封，生火时烟气可以从顶部排出。在屋中央是灶和生活区，四周用木头架起，有床，是居住区。迟子建在小说《额尔古纳河右岸》中描写过这种房子。书中的鄂温克人躺在撮罗子里，抬头就可以望见星星。

文化广场一隅

蒙古族民居院内

12世纪，从兀良哈部族走出的济拉玛追随铁木真东征西战，建立了功勋，被封为千户长。其子孙从森林中迁徙到蒙古草原，生产方式转向游牧经济。他们居住的房子也从撮罗子变成了蒙古包。这种源自匈奴时代的毡帐，是游牧民族创造的草原特有的建筑形式。易于拆装，便于游牧，既可以遮挡风雪，也可以防止野兽的侵袭。

明朝末年，喀喇沁等部归附后金，帮助女真人夺取了政权。清政府为了加强对蒙古各部的统治，取消了他们的传统体制和领属关系，参照满洲八旗制度进行改编，建立了新的组织——旗，以军政合一的这种旗制形式，将其固定在自己的领地内，喀喇沁左翼旗最终在大凌河上游流域的广大地区定居下来。

定居生活初期，牧民对移动式蒙古包进行了改进：将蒙古包的墙基深埋地下，周围用土夯实，再用重物压住固定，房顶和墙体还用一层或多层毛毡包裹起来，再用绳子捆紧。这种固定式蒙古包比较适合处在半农半牧地区的蒙古族家庭使用。

由于固定式蒙古包木构架墙体易腐，所以又进行了改进：墙体开始采用砖石、土坯，屋内正中用一根柱子支撑起圆形的房顶，上面用苇芦或茅草覆盖。有的蒙古包还会在南面墙上辟出窗户，在室内砌上火炕。这种结构的蒙古包也被称为"独贵"，是从蒙古包向汉式房子转化的一个过渡，标志着蒙古族定居生活的逐渐形成。

不久以后，泥草房出现在蒙古族民居中。而瓦房的出现标志着喀喇沁左翼蒙古族人的生活方式和经济形式彻底告别了游牧，转为农耕。

清末到新中国成立前，海青平房逐渐兴起。

海青即海东青，在蒙古语和满语中都是雄鹰的意思。之所以叫海青平房，是因为房屋两侧屋脊隆起，高于中部，形状酷似马鞍，如同飞翔的海东青。从侧面看，起脊的部位是拱形，很像蒙古包的

民居外墙

形状。传统的海青平房由青砖建造，用石灰和炉渣捣制后的屋顶也是黛青色。条件好的人家会把院子也铺上青砖，叫作海漫院子。

海青平房在20世纪五六十年代至80年代末期最为普遍。它的建筑风格既体现着蒙古族的游牧文化，又体现出定居后的农耕文明。它站在那里，就是一部喀喇沁左翼蒙古族的迁徙史，也是他们不断与其他民族相融合的见证。

如今，很多村庄的房屋已经被一层或两层的北京平所代替，它们多使用钢筋混凝土建造，样式更现代，居住也更舒适。但是在白音爱里村，海青平房依然随处可见。漫步在这些古老的房子中，我似乎能感受到一种悠远的乡愁，感到一个定居的部落对曾经策马飞扬的草原生活的深深怀念。他们一定在安稳的梦里，曾化身为海东青，在辽阔的草原上飞翔……

司机非常配合我，带着我在村子里穿行了好几个来回，帮助我寻找有特色的海青平房，还打开车门，让我站在副驾驶的位置拍照，以便拍到房子更好的角度。

返程的路上，我看看时间还早，就让司机把我送到了喀左民族民俗馆。我们也在此告别。临下车前，他向我推荐了一家老字号的羊汤馆。在离开喀左之前，我用手机导航去了那里。一碗羊汤，一个芝麻烧饼，吃得我意犹未尽。这下，该轮到我向朋友们炫耀喀左的羊汤了。

一代蒙古文豪的安息之地

——尹湛纳希纪念园

  抵达北票之前，在网上搜索尹湛纳希纪念园，显示的位置在惠宁寺附近。于是打车的时候我跟司机说到惠宁寺。全天下的出租车司机大概都喜欢跟乘客聊天，没多一会儿，他就问我："去惠宁寺烧香啊，还是还愿哪？"我笑了一下，没吭声。我一上车他就理直气壮地要35元车费，还不打表，我不太高兴。但他似乎没察觉到我的情绪，继续说："这个庙可有年头了，名字还是乾隆皇帝取的呢。""是吗？"我有些惊讶。"据说还是尹湛纳希家的家庙。""你知道尹湛纳希？"我脱口而出。"怎么不知道，大作家嘛！北票有个中学就叫尹湛纳希高中。"我的情绪一下子好起来："其实呀，我就是去尹湛纳希墓园的。它不是就在惠宁寺旁边吗？""谁告诉你的？你要是下来走的话，离那可挺远呢。"司机又上来那副不容置疑的劲头，"你坐我车算是坐着了，别人还不一定知道呢。"

  为了证明他没有说错，司机还是把我拉到了惠宁寺，我看看旁边确实没有尹湛纳希纪念园，就跟着他往回返。走了一会儿，司机上了另一条路。正开着，他突然说："哎呀，我想起来了，惠宁寺里那个好像是尹湛纳希纪念馆哪！"他迟疑起来，"你还要去看吗？"我笑笑说："这回你就没有我知道得多了。尹湛纳希纪念馆成立于1986年10月，最初确实建在惠宁寺的七间殿内，但1996年7月就迁到北票市人民公园西侧了，2012年10月又迁到北票市博物馆。一

惠宁寺外景

直以来，尹湛纳希纪念馆都是和文物管理所、博物馆合署办公，没有一处独立处所。为了纪念这位出生于北票市的蒙古族伟大作家，2016 年 5 月，北票市政府投资 1000 万元，在尹湛纳希的出生地——下府经济开发区三府村复建了尹湛纳希故居，建筑面积有1500 平方米。现在主体建筑已经完工，只差内部的装修和展馆布置了。纪念馆马上就要迁到这儿来了。"听我说完，司机高兴起来："合着一直在挪地方啊。不过你说的这个故居，好像就在墓地的对面，我开车从那儿走过。没错，那就是尹湛纳希的出生地——忠信府。"

1837 年 5 月 23 日，尹湛纳希出生于一个蒙古贵族家庭，他是忠信府主人旺钦巴勒的第七子，成吉思汗第二十八代孙，汉名宝衡山。

尹湛纳希的父亲旺钦巴勒，是土默特右翼旗管理军事的协理台吉，在鸦片战争时期，曾奉命率本旗蒙古骑兵与英军作战，因在沿海地方消灭一股英国侵略军而受到朝廷嘉奖。旺钦巴勒既是武将，也是诗人、文学家和收藏家。他非常重视子孙的文化教育，大量购置书籍，在忠信府内建有楚宝堂、学古斋、东坡斋三个藏书楼，并在府内办学堂，讲授成吉思汗的传奇故事和祖训，聘请汉族秀才教授家族子弟汉语知识，因此造就了尹湛纳希这位蒙古族文学的开创者和集大成者。

尹湛纳希虽饱读诗书，并且精通蒙古、汉、藏、满文，学问广博，却终身未仕。他将全部精力都投入到文学创作和翻译上，创作了《一层楼》《泣红亭》《红云泪》等在蒙古族家喻户晓的长篇小说，更是耗费了数十年光阴写出了蒙古族史诗作品《大元勃兴青史演义》。这些文学成果不仅属于蒙古民族，也是中华民族文学宝库中的瑰宝。在《青史演义》中，尹湛纳希全方位地塑造了成吉思汗的英雄形象，展现了他的雄才大略与文治武功。这本书一直被蒙古国视为经典，是蒙古国目前仍在使用的历史教材。除创作文学作品外，尹湛纳希还将《红楼梦》《中庸》等汉文经典翻译成蒙古文，对汉蒙文化的交流做出了重大贡献，被誉为"蒙古族的曹雪芹"。尹湛纳希研究现已成为世界蒙古学领域的国际性课题，在蒙古国、俄罗斯、德国、美国、法国、匈牙利、日本等许多国家，都有学者研究尹湛纳希。

车在一条安静的小路旁停下，尹湛纳希纪念园到了。我问司机："你可以等我一下吗？"他想都没想："你得给我加钱。"

路口的地上立着一块不大的石牌，上面用蒙汉两种文字写着"尹湛纳希纪念园"。向里走不远就看到了围在四周的石头栏杆。

纪念园分成墓园和缅怀园两部分。墓园在北侧。尹湛纳希的墓居中，坟茔上建了一座蒙古包形状的白色穹顶石亭。亭前的墓碑上刻着"尹湛纳希之墓"，左边蒙古文，右边汉文。墓碑上系着哈达，碑前堆满了鲜花。应是常有人来祭奠。在尹湛纳希墓碑的两侧，还各立了两块墓碑，墓碑的主人分别是尹湛纳希的父亲旺钦巴勒、长兄古拉兰萨、五哥贡纳楚克、六哥嵩威丹忠。这四人也都是蒙古文学史上的杰出人物。尹湛纳希的几位兄长都是颇有成就的诗人。父亲旺钦巴勒更是学养深厚，《大元勃兴青史演义》的前八回就是他写成的。后来由于公务繁忙，无暇续写，搁置下来。尹湛纳希成年后秉承父志，倾注了大半生的心血，最终完成了这部长篇历史小说。这一门五学士也被学界称作"漠南五宝"。墓碑的前方立着一尊尹湛纳希的半身雕像。底座上，尹湛纳希四个字由乌兰夫题写。雕像中的尹湛纳希遥望着远方，似有无限的思绪。浩瀚的天鹅湖水从他面前奔腾不息地流过，不知能否抚慰他那颗曾饱受磨难的心。

尹湛纳希的一生极为坎坷。年轻时爱上过平民女子，被家族阻拦，有情人终未成眷属。结过两次婚，妻子都早早过世，孩子也有

纪念园入口

多个夭折。33岁时，因家族经营的扎兰煤矿严重亏损，家境迅速衰落。内心孤苦的他，将全部的情感都寄托在文学创作上。1891年，北票地区爆发了反对外国教会的"金丹教事件"，忠信府被焚毁。为避祸乱，尹湛纳希一家逃亡到锦州。

1892年的除夕之夜，尹湛纳希突然剧烈咳嗽，发高烧。家人赶紧把几件还值点钱的东西典当了，买药为其治病。但病情不仅未见好转，还每况愈下。正月十七，尹湛纳希在锦州药王庙病逝，时年55岁。

尹湛纳希的葬礼十分凄凉，棺木由几块薄木板钉成，棺材里没有一件殉葬品。本来祖坟在东十家子，尹湛纳希却被埋在瓦匠沟，孤坟一座。说法之一是家里长辈认为他客死他乡，不能入祖坟。

1987年5月23日，适逢尹湛纳希诞辰150周年，北票市尹湛纳希研究会将其坟墓迁葬到忠信府原址的后山上，也就是我现在看到的墓园。他的灵魂终于得以安息。

缅怀园是一个小广场的形状，周围立满了后世名人对他凭吊纪念的碑文。最长的碑文为《尹湛纳希赋》，出自蒙古族作家萨仁图娅的手笔。另一位蒙古族作家玛拉沁夫抄录了《泣红亭》中的诗句。诗人贺敬之的题词是："光辉灿烂的中华文化是各族人民的共同创造，蒙（古）族作家尹湛纳希的杰出贡献就是明证。"

时值夏日正午，纪念园内只有我一个人。除了风滑过树叶的声音和偶尔的鸟鸣，一切都是静止的。时间仿佛凝固了。我从未有过这样的体会，独自与大师的灵魂面对，无人打扰。有那么一会儿，我的心里像充盈着一汪春水，安详、平和、富足。我想，这大概就是他此刻想传达给我的感受吧。

走出纪念园，迎面看到建在坡地上的忠信府。此刻，它也是安静的。大门紧闭，满院子的繁华故事尚未开启。我是何其有幸，独

墓园内的丹湛纳希之墓

纪念园内雕像

光辉灿烂的中华文化

是各族人民所共同创造

作出巨大贡献的无数

证明

贺敬之题写的碑文

尹湛纳希长兄古拉兰萨撰写的碑文

享了它孤独而又矜持的此刻。

　　车子重新发动了。司机对我说:"其实,你一上车,我就知道你不是本地人。"我问:"怎么看出来的?""你说的是惠宁寺,我们本地人从来不这么说,我们都叫下府大庙。""噢,"我看着他,笑道,"所以,你多要我钱了吧?""天地良心,本地人我也要这些钱。这地方人少,回去经常拉空车。"我说:"我再告诉你一件事吧,你以后跟人聊天的时候,可以拿出来显摆一下。""是吗?"他来了兴致。"你知道后面那个忠信府是照着什么复建的吗?""不知道。"他摇头。"你记住了,"我说,"是以尹湛纳希的小说《一层楼》里面对府邸的描述为参照建起来的。""是吗?"司机的嘴咧开了,"有意思。你知道得可真多。"我于是又说:"要不……停车费咱们就别要啦?"他想都没想,立马回道:"那可不行!"

民族

"山海有情 天辽地宁"
文体旅融合出版

『声』临其境

听有声书，
聆听辽宁古今文化

『视』觉盛宴

配套视频，
在线博览辽宁魅力

扫码云游

『图』说辽宁

高清摄影，
带你品鉴辽宁风情

音频、视频等以图书内容为基础，有改动。